Diether von Rechenberg
Vom Präsidenten zum Tellerwäscher

Vom Präsidenten zum Tellerwäscher

Erlebnisse aus siebzig glücklichen Jahren

erzählt von
Diether von Rechenberg

Schulthess Polygraphischer Verlag Zürich

© Schulthess Polygraphischer Verlag, Zürich 1990
ISBN 3 7255 2854 3

Inhaltsverzeichnis

Vom Präsidenten zum Tellerwäscher
(statt eines Vorwortes)

Ende 1986 musste ich wegen Erreichung der Altersgrenze von siebzig Jahren meine Arbeit als Präsident des Kassationsgerichtes des Kantons Zürich aufgeben. Diese Arbeit fehlt mir. In Amerika kann man vom Tellerwäscher zum Präsidenten aufsteigen und dieses Amt noch ausüben, wenn man mehr als siebzig Jahre alt geworden ist. In der Schweiz ist das anders. Ich helfe nun meiner Frau (in bescheidenem Umfang) im Haushalt und beim Tellerabwaschen. Daneben habe ich aber für meine Kinder und Enkel aufgeschrieben, was ich früher erlebte. Es geht um alltägliche Vorkommnisse. Sie waren für meine Tätigkeit typischer als sensationelle Fälle, die mit dem Ablauf der Zeit meist an Bedeutung verlieren.

Zürich im Oktober 1990

D. v. Rechenberg

Herkunft und Familie

Die falsche ärztliche Diagnose — ein Glücksfall

Unsere Familie stammt ursprünglich aus Deutschland, wo wir zuletzt in Wernigerode am Harz wohnten. Mein Vater war dort Pfarrer. Als ich elf oder zwölf Jahre alt war, musste meine Mutter auf Grund einer Diagnose unseres Hausarztes für längere Zeit zur Kur nach Davos. Der Arzt nahm damals an, sie leide an Lungentuberkulose. Mein Vater war tief unglücklich ohne meine Mutter. Als in Davos die Pfarrstelle der Kurgemeinde frei wurde, meldete er sich und wurde als Kurpfarrer gewählt. So kamen wir im Jahre 1929 in die Schweiz. Es stellte sich später heraus, dass die Diagnose des Hausarztes falsch war. Meine Mutter litt an Gallensteinen und nicht an Tuberkulose. Aber das kann man dem Arzt wirklich nicht zum Vorwurf machen. Ohne diese falsche Diagnose wären wir nicht in die Schweiz gekommen.

Wernigerode war ein wunderschönes Harzstädtchen mit vielen Fachwerkhäusern. Dorthin war auch mein Grossvater väterlicherseits gezogen, nachdem er seinen Abschied als preussischer General genommen hatte. Ich habe an ihn nur noch eine schwache Erinnerung, habe aber viel von ihm gehört. Er war, bevor er seinen Abschied nahm, Kommandeur der Kriegsakademie in Berlin. Das muss, wie mir gesagt wurde, etwas Bedeutendes gewesen sein. Auch mein Vater war ursprünglich Berufsoffizier. Er wurde im ersten Weltkrieg schwer verwundet und wurde erst nachher Theologe. Er hatte statt der ordentlichen Schule das Kadettenkorps besucht, um Offizier zu werden. Nach seiner Rückkehr aus dem Kriege machte er noch das «Abitur» und studierte dann Theologie. Als er das letzte Examen bestand, war er schon Vater von vier Kindern.

An meine Grossmutter väterlicherseits erinnere ich mich sehr gut. Sie war eine geborene Gräfin von der Schulenburg und wuchs auf dem Schloss Lieberose in der Lausitz auf. In Wernigerode lebten noch viele andere verabschiedete Generäle. Obwohl seit 1919 Deutschland eine Republik war, konnten sie sich damit nur schwer abfinden. So sagte ein alter General zu meiner Grossmutter, als er mit irgendeinem Vorkommnis nicht einverstanden war: «Excellenz, so etwas darf in einer Monarchie nicht passieren.» Als meine liebe Grossmutter ihn darauf aufmerksam machte, dass man jetzt in einer Republik lebe, antwortete er: «Ich lebe in der Monarchie».

Meine Eltern waren schon damals politisch aufgeschlossen. So waren sie sich beispielsweise der Gefährlichkeit des Militarismus in der Kaiserzeit bewusst. Mein Vater sprach nicht gern vom Krieg. Für ihn war nur wichtig, dass so etwas nie wieder vorkommen dürfe.

Mein Grossvater mütterlicherseits, Justizrat Dr. Erich Meyssner, war Rechtsanwalt und Notar in Berlin. Zum Glück hat er die Zeit des Nationalsozialismus nicht mehr erlebt. Meine Grossmutter Meyssner kam nach 1933, als in Deutschland Hitler an die Macht gekommen war, zu uns in die Schweiz. Sie wurde in Trimmis begraben.

Meine Eltern betrachteten den Nationalsozialismus als Schande für Deutschland. Wir waren überzeugt davon, dass Hitlers Unrechtsregime an seinen eigenen Fehlern scheitern müsse. Bis das wirklich geschah, ging es jedoch noch viele Jahre. Ich will heute auf diese Zeit, die uns besonders berührte, nicht zurückkommen.

Die Schulzeit

Die ersten Schuljahre verbrachte ich in dem bereits erwähnten Harzstädtchen Wernigerode. Ich besuchte eine Privatschule, die von Frau Schlunk geführt wurde. Sie wurde hinter ihrem Rücken als «Tante Schlunk» bezeichnet. Schon mein Vater war bei ihr zur Schule gegangen. Wenn ich im Diktat 23 Fehler hatte, sagte sie zu mir: «Aber Fritz!» Das war der Vorname meines Vaters. Sie erinnerte sich an die Mühe, die sie schon mit ihm gehabt hatte. Dann kam ich in das Gymnasium, das mit der «Sexta» anfing. Wir hatten 8 Stunden in der Woche Latein. Gelernt habe ich es nie. Überhaupt habe ich die Schule in meiner Jugend immer eher als störend empfunden. Ich war ziemlich faul und lernte die Vokabeln nicht. Erst als ich in Davos am damaligen Friderizianum in der «Unterprima» war, war ich etwas besser in der Schule und als ich in Schiers die Matur machte, hatte ich in Mathematik, Physik und Chemie eine sechs, im Latein aber immer noch nur eine vier.

Das Friderizianum in Davos war eine Privatschule, die vor allem von jungen Leuten besucht wurde, die gesundheitshalber in Davos zur Kur waren. Da viele Schüler krank waren, durfte man sich nicht einfach mit einem Mitschüler in eine Schlägerei einlassen. Man wusste ja nicht, ob er krank war. Eine Auseinandersetzung begann daher mit der Frage an den Gegner: «Hast Du Motten?», d. h. ob er eine Tuberkulose habe. War das nicht der Fall, konnte es weitergehen. Da ich eine falsche Zahnstellung hatte, trug ich eine Einrichtung, d. h. eine Art schiefe Ebene, auf den unteren Vorderzähnen, die die oberen Zähne nach vorn drücken sollte. Der Zahnarzt Dr. Rogger brachte diese Einrichtung, nachdem sie ihren Dienst getan hatte, bei einer ersten Sitzung nicht wieder heraus, weil sie so fest sass. Ein Mitschüler gab mir dann einen so kräftigen Faustschlag, dass sie in hohem Bogen durch die Klasse flog.

Im Friderizianum wurde die Schule nicht so ernst genommen. Wenn die Eishockeymannschaft Davos gegen Kanada spielte, hatten wir schulfrei. Ein besonderer Vorteil dieser Privatschule war, dass sie auch von Mädchen besucht werden konnte. Natürlich gab es auch eine Mitschülerin, für die ich besonders schwärmte, und die ich eigentlich sogar heiraten wollte. Ich habe ihr von meinem Taschengeld ein ganz dünnes, goldenes Armbändchen geschenkt. Vielleicht war es auch aus Silber und nur vergoldet. Es kostete Fr. 12.—. Mein jüngster Bruder erzählte der Familie von diesem Geschenk am Mittagessen und fügte bei: «. . . und wenn sie ihn nicht heiratet?». Tatsächlich ist es dann so herausgekommen.

Weil die Schule in Davos, die unter deutscher Leitung stand, dann ganz nationalsozialistisch geführt wurde, kam ich in die evangelische Lehranstalt nach Schiers, wo ich die Matur machte. Die Verhältnisse in Schiers waren ganz anders. Ich war dort im Internat und besuchte die siebente Klasse. In Schiers besorgte die siebente Klasse die sogenannte Selbstverwaltung. Strafen bestanden in Gartenarbeit. Als Schüler der siebenten Klasse wurde ich davon verschont. Im Winter fiel auf die Schule den ganzen Tag kein Sonnenstrahl. Die Sonne war durch die Berge verdeckt. Über Mittag stiegen wir zum «Bühl», um doch einen Sonnenstrahl zu erhaschen. Dort gab es auch eine Bäckerei, die besonders dicke Crèmeschnitten herstellte, die «Schnörrespanner» genannt wurden.

Wir erhalten das Bürgerrecht von Haldenstein

Mein Vater konnte nicht als Kurpfarrer von Davos bleiben, weil sich in den Vorstand der Kurgemeinde nun Nazis wählen liessen. Er fand eine Bündner Pfarrstelle und wurde Pfarrer von Trimmis und Haldenstein. Trimmis ist halb reformiert und halb katholisch. Das Verhältnis zwischen den Konfessionen war jedoch ausgezeichnet. Wenn jemand starb, trugen jeweils drei Reformierte und drei Katholiken den Sarg. Als am Altjahrsabend dem katholischen Messmer das Glockenseil riss, versuchte er beim reformierten Messmer eins zu leihen. Da dieser ihm aber nicht helfen konnte, half er die reformierten Glocken zu läuten und erhielt — wie das am Altjahrsabend üblich ist — Pitte und Röteliwasser (d. h. Kuchen und Kirschwasser) von reformierter Seite.

Die Gemeinde Haldenstein ist vorwiegend reformiert. Die Bürger haben einen beträchtlichen «Bürgernutzen». Seit Generationen ist niemand eingebürgert worden. Trotzdem schenkten die Haldensteiner meinem Vater das Bürgerrecht und so wurde auch ich Schweizer.

Studium

Wie meine Eltern vier Kinder studieren liessen

Mein Vater war nun also Pfarrer in Trimmis. Im Kanton Graubünden sind die Pfarrer nicht kantonale Beamte. Jede Gemeinde hat die Kosten für ihren Pfarrer selbst aufzubringen. Mein Vater verdiente rund Fr. 800.— im Monat. Das hätte nie gereicht, um nur eines von uns vier Geschwistern studieren zu lassen. Trotzdem haben unsere Eltern uns allen ein Studium ermöglicht. Wenn wir einen Anzug brauchten, verwendeten sie dazu das Honorar für die zahlreichen Bücher, die sie schrieben. Ein Buch meiner Mutter wurde in viele ausländische Sprachen übersetzt. Es hiess «Mein Viergespann» und schilderte die Erfahrungen, die meine Mutter mit ihren vier Kindern gemacht hatte. Aber viel brachte die schriftstellerische Tätigkeit meinen Eltern nicht ein.

Trotzdem gab meine Mutter nicht auf. Wir hatten damals in Trimmis nur Winterschule. Im Sommer stand das Schulhaus leer. Über den Sommer konnten wir daher bis zu 20 junge Leute aus der welschen Schweiz, Frankreich, Holland und Belgien im Schulhaus unterbringen, die deutsch lernen wollten. Diese jungen Leute zahlten eine bescheidene Pension, und davon brachte meine Mutter die Mittel für unser Studium auf.

Das war keineswegs einfach. Das Pfarrhaus hatte noch keine eigene Wasserleitung. Das Wasser mussten wir eimerweise vom Dorfbrunnen in die Küche tragen, wo es in einer grossen Kupfergelte gesammelt wurde. Auch Zentralheizung gab es nicht. In der Stube hatten wir einen grossen grünen Kachelofen. Geholfen hat auch, dass die Gemeindemitglieder von jeder Metzgete einen Anteil ins Pfarrhaus brachten. Um Weihnachten bekamen wir von überall her Birnenbrote geschenkt. Trotzdem waren wir knapp, aber es hat immer gereicht. Auf keinen Fall wollte meine Muter auf die gewohnten Formen verzichten. Auf dem Esstisch lag immer ein weisses Tischtuch und es wurde sorgfältig mit silbernem Besteck und dem alten Porzellan gedeckt. Dass die Pensionäre sich im Pfarrhaus wohl fühlten, zeigt der Umstand, dass meine beiden Brüder in der Folge jeder eine Pensionärin heirateten. Da ich damals bereits in Zürich studierte, habe ich eine Zürcherin geheiratet. Aber davon will ich später erzählen.

Mein Studium

Ich habe in Genf begonnen die Rechte zu studieren. Ich sollte gleichzeitig französisch lernen. Viel habe ich von dieser Sprache in einem Semester nicht gelernt, aber doch so viel , dass ich mich später verständlich machen konnte. Warum ich gerade «ius» studierte, kann ich eigentlich nicht sagen. Physik hätte mich interessiert, aber ich wollte nicht Lehrer werden. Medizin kam wegen des langen Studiums für mich nicht in Betracht und für Theologie fehlte mir die notwendige Begeisterung.

Darum fiel «in dubio», d. h. im Zweifel, meine Wahl auf das Rechtsstudium. Richtige Freude an der Rechtswissenschaft habe ich aber erst mit der praktischen Tätigkeit bekommen.

Für das Studium der Juristerei bringt man eigentlich von der Schule recht wenig mit. Ich musste lernen, dass es einen Unterschied zwischen «Eigentum» und «Besitz» gibt. Meine Eltern hatten weder das eine noch das andere. Ausserdem begann das Studium damals mit dem römischen Recht, für das ich schon wegen meiner schlechten Lateinkenntnisse keine grosse Begeisterung aufbrachte.

Das zweite Semester begann ich dann in Zürich. Dort gefiel es mir schon besser. Obschon ich nur Fr. 150.— im Monat für die Miete des Zimmers und das Essen zur Verfügung hatte, konnte ich in die Zofingia eintreten. Das war sehr wertvoll für mich, weil ich dort viele andere Studenten kennen lernte. Mit Stolz trug ich damals als Student noch Band und Mütze. Ein besonderer Freund wurde mir mein Leibbursche Max Imboden, der später Professor für öffentliches Recht an der Universität Basel wurde.

Beeindruckt hat mich vor allem Professor Giacometti, der Bundesstaatsrecht las und kompromisslos für die Wahrung der rechtsstaatlichen Grundsätze eintrat. Das war damals nicht so selbstverständlich. Es gab manchen, der sich vom scheinbaren Erfolg der Diktaturen beeindrucken liess. Manche hielten unsere demokratische Ordnung für revisionsbedürftig und schielten über die Grenze. In einer Vorlesung bot uns Professor Giacometti an, ein Student könne einmal in der Woche zu ihm zum Mittagessen kommen. Es meldete sich natürlich niemand. Als er das Angebot wiederholte, meldete ich mich. Nach dem ersten Mittagessen lud er mich auch für die folgenden Wochen ein. Ich schlug aus, weil ich ja mit Max Imboden zusammen ass. Darauf wurde auch er eingeladen. In der Folge waren wir viele Male mit weiteren Doktoranden bei Professor Giacometti zum Mittagessen. Diese Anlässe führten immer zu angeregten Gesprächen über juristische Fragen. Bei Professor Giacometti habe ich auch doktoriert. Viel wert war meine Dissertation nicht, aber da war schon Aktivdienst und es musste schnell gehen mit dem Studienabschluss.

Wie ich meine Frau bekam

Als Zofinger wurde ich von einem Zürcher Kommilitonen zu einem Hausball eingeladen. Ich hatte jedoch keinen «Besen». Als «Besen» bezeichnete man ein weibliches Wesen, das man z. B. zu einem Ball einladen konnte. Auch ein anderer Zofinger war in der gleichen Lage wie ich. Der Gastgeber lud daher zwei junge Mädchen für uns ein. Ich hatte als Zofinger das Cerevis, d. h. den Namen, «Schliff» bekommen. Nicht, dass ich soviel Schliff gehabt hätte. Es war mehr eine Ermahnung. Ich war auch nicht ungehobelt, aber sehr lebhaft, und mein Gastgeber befürchtete, dass ich vielleicht damit bei seiner Familie Anstoss erregen könne. Deshalb war diejenige der beiden jungen Damen, die seine Cousine war, nicht für mich bestimmt. Aber gerade die gefiel mir.

Ich stellte mich daher zu ihr und behauptete, sie sei für mich eingeladen worden, obwohl das eigentlich nicht stimmte. Sie gefiel mir eben von Anfang an. Wir haben dann fast jeden Tanz miteinander getanzt. Damit wir genug Platz zum Tanzen hatten, war das Wohnzimmer ausgeräumt worden. In der Mitte des Zimmers hing eine Lampe. Kam man beim Tanzen in deren Nähe, musste die Tänzerin den Kopf etwas zur Seite legen, um nicht anzustossen. Das benützte ich recht häufig. Denn jedesmal wenn wir in die Nähe der Lampe kamen, musste Vreni, meine zukünftige Frau, den Kopf zur Seite legen und lehnte sich dann an meinem Kopf an. Es war bald allen klar, dass wir beide zusammengehörten, obwohl Vreni erst 18 und ich nur 20 Jahre alt war.

Feldmeilen

Natürlich gingen wir mit der Zeit auch häufig nach Feldmeilen, wo Vreni und ihre Eltern, Gottfried und Sarah Ernst, wohnten. Sie wurden von ihren Enkeln nach südfranzösischer Sitte Pépé und Mémé genannt. Das kam daher, dass sie an der Côte d'Azur in Sanary ein Ferienhaus hatten, das dann während des zweiten Weltkrieges von den deutschen Besatzungstruppen niedergelegt wurde, um Schussfeld zu schaffen.

Vater Ernst war ein ruhiger und gütiger Mann. Seine Frau hatte mehr Temperament. Sie konnte sehr grosszügig sein, aber im Kleinen war sie sehr sparsam. Ihre Briefe an uns schrieb sie auf Kalenderblättern, wobei sie nicht nur die freie Rückseite benutzte, sondern auch noch auf der Vorderseite um das Bild herum schrieb. Es war manchmal fast ein Zusammensetzspiel. In dem grossen Haus in Feldmeilen hatte es einen Wandkasten. Dort hatte Mémé innen an der Türe einen Zettel befestigt, auf dem stand: «Hier fiel am 22. Mai 1924 vor meinen Augen ein silbernes Lesezeichen zwischen die Dielen.» Wäre das Haus je abgerissen worden, hätte man gewusst, wem das Lesezeichen gehörte.

Besuch im Pfarrhaus in Trimmis

Weihnachten 1936 kam Vreni das erste Mal zu meinen Eltern nach Trimmis. Sie sollte mit dem letzten Zug ankommen. In Trimmis hält nur die Rhätische Bahn, man muss deshalb, wenn man von Zürich kommt, in Landquart umsteigen. Als nun am späten Abend der Zug der Rhätischen Bahn in Trimmis ankam, stieg niemand aus. Vreni war nicht gekommen. Ich ging traurig und unruhig heim. Die Bundesbahn hatte Verspätung gehabt, und Vreni hatte darum den Anschluss in Landquart verpasst. Aber sie kam trotzdem noch. Die Bundesbahn hielt nämlich ihretwegen an der Militärrampe in Trimmis. Als Vreni ausstieg, war es stockdunkel. Da kam ihr der Streckenwärter Schaffert zu Hilfe und bot ihr an, sie bis zum Dorf Trimmis zu begleiten, er müsse nur andere Schuhe anziehen. Vreni ging mit ihm in sein Bahnwärterhäuschen und Herr Schaffert bot ihr ein Glas Wein an. Es war ihr gar nicht ums Weintrinken; aber um schnell weiterzukommen, trank sie das Glas auf einmal aus. Natürlich wurde ihr nachgeschenkt. Endlich war dann Herr Schaffert bereit. Als Vreni in die Stube des Pfarrhauses kam, wurde ihr plötzlich etwas «trümmlig». Sie musste dann immer lachen. Sie glaubt, dass das vom Wein kam. Wir haben aber nichts davon gemerkt.

Damals kam es gar nicht in Frage, dass man als Student hätte heiraten können. Vreni entschloss sich daher, ebenfalls zu studieren und zwar an der ETH, wo sie ihr Studium als «dipl. rer. nat.» abschloss.

Der Militärdienst

In der Rekrutenschule

Die Rekrutenschule habe ich bei der Gebirgsinfanterie in Chur gemacht. Da wir in Davos keinen Turnunterricht gehabt hatten, war ich nicht gerade ein guter Turner. Trotzdem meldete ich mich für die Unteroffiziersschule an. Gegen Ende der Rekrutenschule sollte eine Tauglichkeitsprüfung für Unteroffiziersaspiranten stattfinden. Dazu gehörte auch der Mutsprung von der hohen Bretterwand. Dazu musste man oben auf der Wand knien und dann mit Schwingen der Arme hinunterspringen. Ich hatte das noch nie gemacht und beschloss, dies am Abend vor der Prüfung nach dem Hauptverlesen zuerst einmal allein zu versuchen. Da ich jedoch mit dem «inneren Dienst» der Letzte war, kommandierte mich der Feldweibel zuerst einmal zum Kartoffelschälen in die Küche ab. An jenem Abend fand überdies noch eine Verdunkelungsübung statt. Ich ging nach Beendigung der Küchenarbeit über den stockdunklen Kasernenplatz und fand die Bretterwand. Zweimal gelang mir der Mutsprung. Das dritte Mal blieb ich aber mit den Schuhspitzen hängen und fiel aufs Gesicht. Trotzdem ging ich mit Befriedigung ins Kantonnement. Als die anderen vom Ausgang heimkamen, sahen sie mein verschwollenes Gesicht und fragten mich, was ich gemacht hätte. Ich gab ihnen Auskunft, und sie fanden, ich hätte ihnen das doch sagen können, dann hätten sie den Mutsprung auch probiert. Am nächsten Morgen hiess es: «Die Unteroffiziersprüfungen fallen wegen Zeitmangels aus.» Die Unteroffiziersschule machte ich dann in Zürich, wo nach dem Hauptverlesen Vreni oft vor der Kaserne auf mich wartete.

Der Aktivdienst

Ende August 1939 brach der zweite Weltkrieg aus. Die Grenztruppen wurden aufgeboten und ich musste einrücken. Die GebFüsKp II/92 mobilisierte in Chur bei Rohrers Biergarten. Da ich von Zürich kam und zuerst meine Ausrüstung in Trimmis fassen musste, war ich einer der letzten der einrückte. Wir kamen zuerst nach Churwalden und dann ins Prättigau. Damals musste jeder, der irgendwie tauglich war, Dienst tun. Trotzdem wurde ich im Jahre 1940 ausgemustert. Ich hörte damals schon schlecht, wie das auch heute noch ist. Ich wurde deshalb vor UC (medizinische Untersuchungskommission) geschickt. Dort sass ein Oberst und fragte mich: «Korporal gahts nümme?». Ich antwortete, dass es natürlich gehe, wahrscheinlich hätte ich einen Schnupfen, aber der Bataillonsarzt glaube, ich hätte eine Gehörnerverkrankung. Das hätte ich nicht sagen sollen. Ich wurde sofort darauf hingewiesen, dass ich das nicht beurteilen könne, und bevor ich noch etwas weiteres sagen konnte, hatte ich den Stempel «Dienstuntauglich» im Büchlein. Ich habe dann dagegen rekurriert und den Antrag gestellt, zu den

Säumern eingeteilt zu werden, aber das wurde abgelehnt; ich hätte als cand. iur. zu wenig Umgang mit Pferden. Das stimmte.

Trotzdem wurde ich wieder dienstpflichtig. Es gab nämlich eine Nachmusterung für die neu aufgestellte Fliegerabwehr und ich wurde dieser Truppe zugeteilt. Da ich nicht mehr mit Infanteriewaffen schiessen sollte, war diese Einteilung ungeeignet. Auf meine Vorstellungen hin wurde ich darauf wieder der Gebirgsinfanterie zugeteilt und erhielt ein Aufgebot in eine Fourierschule. Dort war ich der Schrecken meines Klassenlehrers. Ich war zwar ein guter Mathematiker, aber das einfache Milchbüchleinrechnen lag mir nicht. Wenn im Kassenbuch die Addition einer Seite vorzunehmen war, wurde ich dazu aufgefordert. Das Ergebnis stimmte meist nicht und es hiess: «Ja Herr Doktor, mit dem Doktor allein ist es nicht getan.» Ich stand auf und sagte, ich hätte einen militärischen Grad und Anspruch darauf, mit demselben angeredet zu werden. Die Antwort lautete: «Sitzen Sie ab, Sie sind ein Jurist.»

Ich kam dann als Fourier in meine Einheit zurück. Dort hatte ich einen Fouriergehilfen, der wunderbar rechnen konnte. Ich machte dafür alles andere und erhielt sogar den Vorschlag zur Ausbildung als Quartiermeister.

Bevor ich den Vorschlag erhielt, liess mich der Regimentskommandant kommen. Vor ihm lag mein Dienstbüchlein. Da ich in dem Jahr, in dem ich zwanzig Jahre alt geworden war, noch keinen Dienst zu machen hatte, stand auf der ersten Zeile der Seite mit den geleisteten Diensten: «Neubürger seit 25. Mai 1937.» Das hat mich wirklich geärgert. Ich habe deshalb das «Neu» gestrichen und eine Anmerkung dazu gemacht: «Die Bundesverfassung kennt nur einerlei Schweizerbürger (Art. 4)». Der Oberst fragte mich, wer den Eintrag abgeändert habe. Als ich sagte, dass ich das getan habe, antwortete er: «Sie haben recht.»

Ich rückte also in Thun zur Offiziersschule ein. Wir standen in zwei Gliedern auf dem sonnigen Kasernenplatz. Schulkommandant und Instruktionsoffiziere liefen an uns vorbei. Als einer der Instruktoren mich sah, kam er direkt auf mich zu und fragte: «Rechenberg, was machen Sie hier?» Mein Ruf aus früheren Zeiten war vorausgeeilt. In der Quartiermeisterschule ging es jedoch gut. Nur mit Reiten hatte ich Schwierigkeiten. Ich bin in den neun Wochen sieben Mal vom Ross gestürzt.

Die Kunst des Reitens

Als Quartiermeister im Stab des GebFüsBat 92 war ich beritten eingeteilt. Das führte zu zwei spektakulären Erlebnissen.

Wir hatten Fahnenübergabe auf dem Exerzierfeld des Rossbodens in Chur. Das Bataillon war im Viereck angetreten. Der Feldweibel defilierte mit der Bataillonsfahne. Die Musik spielte den Fahnenmarsch. Die Sonne schien. Der Bataillonskommandant sass hoch zu Pferd vor dem Bataillon. Der Stab, ebenfalls zu Pferde, hinter ihm. Ich trug den Helm und träumte vor mich hin. Bevor ich es hindern konnte, legte sich mein Pferd zu Boden und kratzte sich am Rücken wie eine Katze. Das Bataillon war in Achtungstellung, aber es ging wie eine Welle durch die Reihen. Mein Kommandant schaute zurück und sah mich im Kampf mit dem Drachen.

Der zweite Fall ereignete sich im Engadin. Wir hatten neue Handfunkgeräte erhalten. Ein Posten mit einem solchen Gerät befand sich auf dem Turm des Kirchleins San Gian bei Pontresina und meldete per Relais alle seine Beobachtungen. Es ging dann folgende Meldung an das Brigadekommando: «Zwei Reiter reiten über die Ebene von San Gian. Einer stürzt, wahrscheinlich Oberleutnant Rechenberg.»

Im Bataillonsstab

Trotzdem war ich ein guter Offizier. Als am Regimentsrapport die Vorschläge für Offiziers-Aspiranten besprochen wurden, wurde bei einem Aspiranten darauf hingewiesen, dass er zwar einsatzfreudig sei, es wurden aber Bedenken wegen seiner sportlichen Leistungen laut. Da stand mein Kommandant auf und sagte: «Das scheint mir nicht ausschlaggebend. Sehen Sie unseren Quartiermeister, er kann auch nicht reiten, aber er ist eine Persönlichkeit.»

Diesen Ruf bekam ich, weil ich es verstand, es unserem Kommandanten mit Takt zu sagen, wenn mir etwas missfiel. So gab es ständig Reibereien zwischen ihm und dem Nachrichtenoffizier des Stabes. Am Mittagessen erklärte der Kommandant:

«Sie müssen nicht meinen, ich hätte etwas gegen den Nof.! Das ist gar nicht möglich. Ich bin das Haupt, Sie sind die Glieder. So wie das Haupt den Gliedern nicht böse sein kann . . .» Ich fand das blasphemisch und stocherte in meinem Teller herum. Plötzlich fragte mich der Kommandant: «Qm, stimmt etwas nicht?» Ich antwortete: «Herr Major, ich habe mir gerade überlegt, wie es im Urlaub daheim sein wird. Dann liege ich im dunklen Schlafzimmer in meinem Bett und sage zu meiner Frau: ‹Da liegt ein Stück von Major N.› Ich glaube, meine Frau würde fliehen!» Das wurde mir nicht übel genommen.

Wenn wir Manöver hatten, wurden meist die rückwärtigen Dienste vernachlässigt. Jedes Gewehr wurde auf Lastwagen transportiert. Die Küche konnte auf Saumtieren hinterher laufen. Gab es dann eine Gefechtspause, scholl der Ruf: «Qm gibt es nichts zu essen?» Bei Manövern, die wir auf dem Glaspass hatten, sah ich das wieder voraus. Alles ging zu Fuss. Lediglich das Kommando hatte einen Jeep. In demselben lag das Etui mit der Pistole des Kommandanten. Dahinein steckte ich statt der Pistole einen Landjäger und Bindenfleisch. Die Pferde waren im Tal geblieben. Als es nun eine Pause gab, rief der Kommandant wieder nach dem Quartiermeister und dem Essen. Ich antwortete «Herr Major, es ist alles auf dem Provianttier.» Der Major hatte es besonders ungern, wenn ein Offizier die ordre de bataille nicht kannte und fuhr mich an: «Qm reden Sie nicht so dumm, wir haben keine Tiere mitgenommen.» Ich forderte ihn auf, in sein Pistolenetui zu schauen. Er war etwas erstaunt und dann tönte es: «Qm das geht zu weit, Ihren Kommandanten als Proviantier zu bezeichnen.»

Im StabBat 92 blieb ich bis zum Ende des Aktivdienstes. Nachher wurde ich zur Militärjustiz versetzt, wo ich es bis zum Grad eines Majors brachte.

Entlassung aus der Wehrpflicht

Mit 65 Jahren wurde ich ausgemustert. Das EMD schrieb mir, ich solle das Dienstbüchlein einschikken, damit meine Entlassung aus dem Dienst dort vermerkt werden könne. Kaum hatte ich das Dienstbüchlein fortgeschickt, erhielt ich die Aufforderung des Zeughauses, meine Pistole dort vorzuweisen, damit sie mit dem Stempel «P» (privat) versehen werden könne. Das brachte mich in Schwierigkeiten. Ich hatte nämlich zwei Pistolen, und das kam so. Nachdem ich längst zur Disposition (Reserve) gestellt worden war, fand ich meine Pistole nicht mehr. Ich schrieb nach Bern, ob sie eventuell gefunden und abgegeben worden sei. Das war nicht der Fall. Ich hatte daher im Zeughaus eine neue Pistole zu fassen. Es gab dann eine Rechnung, die sich aus dem Anschaffungspreis, dem Abgabepreis von Fr. 800.—, sowie einer Gutschrift für geleistete Diensttage zusammensetzte, so dass ich noch Fr. 56.80 zahlen musste. Dafür erhielt ich eine neue Pistole. Kurz darauf sah ich in einem Kasten einen Riemen. Als ich daran zog, kam meine vermisste Pistole zum Vorschein. Da ich das Dienstbüchlein nicht mehr hatte, wusste ich nun nicht, welche

Pistole ich vorweisen sollte. Ich ging also mit einer Waffe ins Zeughaus. Es war die falsche. Der Beamte erklärte, das sei nicht meine Waffe. Ich klärte ihn auf, dass ich zwei Pistolen hätte. Er war fassungslos. Ich musste mich dann für meine ursprüngliche Pistole entscheiden und erhielt die Fr. 56.80 zurück.

Wir heiraten

Ende 1940 war ich mit dem Studium fertig, aber hatte noch keine Stelle. Ein längerer Militärdienst stand bevor. Mit Vreni ging ich nun schon vier Jahre. Wir schlugen unseren Eltern vor, nun endlich zu heiraten. Als Grund nannten wir, dass ich ja wieder für viele Wochen in den Militärdienst müsse und als Student mit abgeschlossenem Studium nur 70 Rappen Lohnausgleich bekäme, als Familienvorstand würde ich dagegen Fr. 4.50 pro Diensttag erhalten. Das war vielleicht nicht sehr überzeugend, aber unsere Eltern hatten Verständnis für unseren Wunsch. Mit dem Lohnausgleich konnte ich nach meiner Beförderung meine Offiziersuniform zahlen.

Die Trauung fand in Trimmis statt. Bei der zivilen Trauung hielt der Zivilstandsbeamte eine Rede. Sie gipfelte in den Worten: «Glück und Segen muss man Euch ja nicht wünschen, aber den Frieden, denn ohne Frieden nützt Glück und Segen nichts.» Gemeint war mit Glück und Segen wohl Vermögen und Einkommen. Beides besassen wir nicht.

Die kirchliche Trauung nahm mein Vater in der Trimmiser Kirche vor. Es war Krieg; Vreni trug eine neue Bündnertracht und ein Hochzeitskrönlein. Für ein anderes Hochzeitskleid wollten wir keine Textilcoupons brauchen. Die Bündnertracht hat sie heute noch. Daneben hat sie aber auch ihre Zürchertracht. Nachdem wir lange genug in Zürich gewohnt hatten, schrieb uns die Stadtverwaltung, wir könnten das Zürcher Stadtbürgerrecht gratis erwerben. Ich war anfänglich dagegen und fand, es gäbe 500 Haldensteiner und rund 500 000 Zürcher. Das Haldensteiner Bürgerrecht habe daher einen besonderen Wert. Vreni fand aber, ihre Familie sei seit mehr als 500 Jahren in Zürich daheim, ausserdem habe es im Armenhaus in Haldenstein den «Schwamm» (Schimmelpilz im Holzwerk).* Sie wollte daher ihr angestammtes Bürgerrecht wieder haben und ich habe das verstanden. So sind wir heute Haldensteiner und Zürcher. Ich schätze die Weltoffenheit der Zürcher. Diese Weltoffenheit zeigen sie fast während des ganzen Jahres. Nur am Sechseläuten rechnen sie einander vor, wie lange sie schon in Zürich sind. Aber auch das stört mich nicht. Ich nehme Jahr für Jahr (genau so wie am Beinwurstessen der Bündner Unterstützungsgesellschaft) als Partizipant auf der Saffran an diesem Fest teil.

Im übrigen ist der Wunsch des Zivilstandsbeamten von Trimmis in Erfüllung gegangen. Unsere Ehe war voll «Glück und Segen». Wir bekamen vier Kinder, die uns viel Freude machten. Dazu kommen heute neun Enkel.

---

* Ich weiss nicht, ob das stimmt, aber sie hat das wirklich gesagt.

Arbeit auf einem Landgericht

Als Auditor in Meilen

Nach dem Studium war es gar nicht so leicht, eine passende Stelle zu finden. Ich suchte zur Ausbildung eine Stelle als Auditor, d. h. Praktikant auf einem zürcherischen Gericht. Dieses Praktikum absolvierte ich auf dem Bezirksgericht Meilen. Das Gericht befand sich damals noch am See gegenüber dem Gasthaus zum Leuen. Der Hauswart hatte einen wohlgefütterten, feisten Kater. Von der Glasscheibe des Fensters neben der Eingangstür zum Gerichtsgebäude war eine Ecke herausgebrochen. Durch dieses Loch konnte der Kater nach Belieben das Gericht betreten und auch verlassen. Das ganze Gericht roch nach Katzendreck. Als sich einmal sogar ein Kegel auf dem Pult des Präsidenten fand, wurde es diesem doch zu viel, obwohl er als Landwirt sicher Verständnis für die Tierhaltung hatte, und er liess den Hauswart kommen. Der begutachtete den Fund und erklärte dann mit Überzeugung: «Der ist nicht von meinem Kater, sondern stammt vom Räuel, der dem Beck gegenüber gehört.»

Auf dem Gericht der wichtigste Mann war der Gerichtsschreiber. Von ihm hiess es, er esse daheim vegetarisch. Dafür ging er mittags etwas früher weg, und pilgerte mit sorgenumwölkter Stirn, die Hände in den Taschen, offenbar tief nachdenkend, die Bahnhofstrasse dorfeinwärts, um vor der Heimkehr noch ein Restaurant zu besuchen, wo er nach Ansicht der Auditoren ein Kotelett vertilgte.

Beim ersten Prozess, den ich am Bezirksgericht miterlebte, ging es um eine Ehrverletzung. Die Anklägerin bezichtigte ihre Gegnerin, sie habe von ihr gesagt, sie sei eine «Gartenhagschnörre», sie hatte nämlich von der Anklägerin behauptet, sie «haue» es mit der ganzen Feuerwehr. Meilen hatte ein ziemlich grosses Pikett.

Ehrverletzungsprozesse gab es auch regelmässig im Anschluss an lokale Wahlkämpfe. Im Laufe eines solchen Wahlkampfes hatte ein Bürger einen bekannten Politiker als den «Meilener Göbbels» bezeichnet. Damit spielte er auf den Propagandaminister Hitlers an. Die Vergleichsverhandlungen zogen sich in die Länge. Der Richter versuchte, zur Güte zu raten. Nachdem der angeklagte Bürger langsam weich geworden war, fragte der Instruktionsrichter den angegriffenen Politiker: «. . . und Sie Herr Göbbels, was meinen Sie?» Der Vergleich kam trotzdem zustande.

Ein Streit zwischen einem erbosten Vater und dem Freund seiner Tochter wurde mit einer ausserrechtlichen Vereinbarung beendet. Der Freund versprach, die Tochter seines Gegners nicht vor Ablauf eines Jahres zu heiraten und sie mit ihrem richtigen Namen «Elfriede» und nicht mit «Lotti» anzureden. Dafür war der Vater bereit, nach Ablauf des Probejahres der Heirat keinen Widerstand mehr entgegenzusetzen.

Die Gerichtspräsidenten waren damals zumeist in der Bauernpartei und im Kantonsrat. Dort fragte ein Präsident manchmal auch den anderen nach einem geeigneten Gerichtssubstituten, falls eine solche Stelle zu besetzen war. So empfahl mich der Meilener Präsident dann dem Gerichtspräsidenten von Bülach, wo man einen Substituten suchte. Der ordentliche Stelleninhaber war als a. o. Sekretär beim Obergericht tätig. Deshalb brauchte man einen Stellvertreter. So wurde ich a. o. Substitut des Bezirksgerichtes Bülach. Wir waren darüber sehr glücklich. Bis ich dann zum ordentlichen Gerichtssubstituten, d. h. Gerichtssekretär gewählt wurde, ging es dann noch eine Weile, denn zuerst musste mein Vorgänger definitiv zum Obergerichtssekretär gewählt werden.

In meiner Eigenschaft als Gerichtssubstitut hatte ich das Protokoll in einem Entmündigungsprozess zu führen. Es ging darum, dass der zu Bevormundende seinen Bauernbetrieb nicht richtig führte. Statt den Acker zu pflügen, hatte er ihn nur «geschält». Was damit gemeint war, weiss ich heute noch nicht. Da ich nicht sehr gut stenographieren konnte, hatte ich mit dem Protokoll alle Mühe. Aber ich hatte ein gutes Gedächtnis und verlas es fliessend vom nur unvollständigen Stenogramm. Als der Beklagte den Saal verlassen hatte, fragte mich der Präsident: «Haben Sie den geflickten Hosenboden gesehen?» Ich wollte das auf Sparsamkeit zurückführen. Der Präsident, der selber Landwirt war, stellte aber fest «En Puur hätt plätzti Chnüü!» (Von der Arbeit gehen nämlich die Hosen zuerst am Knie kaputt.)

Auch die übrigen Mitglieder des Bezirksgerichtes waren Laienrichter. Das Gericht besass damals neben dem Gerichtsschreiber nur einen Substituten. Meine Verantwortung war recht gross. Das Gericht wollte in der Beratung meist meine Meinung wissen. Von der Viehwährschaft über die Ehescheidung bis zum Grundstückkauf und Strafsachen reichten unsere Aufgaben. In einem Scheidungsprozess fehlte es wirklich an einem genügenden Scheidungsgrund. Der Ehemann warf der Ehefrau unter anderem als eheliche Verfehlung vor, sie habe das Kragenknöpfli nicht angenäht oder die Schuhe nicht geputzt. Die Klage wurde auf meinen Antrag hin abgewiesen. In der Begründung schrieb ich unvorsichtiger Weise, dass es einem Ehemann gelegentlich auch zugemutet werden könne, seine Schuhe selber zu reinigen. Nach einem Jahr kamen die beiden Eheleute wieder. Jetzt hatten sie sich auf eine Konvention geeinigt. Die Ehe wurde geschieden. In der Verhandlung äusserte der Ehemann, er könne nicht verstehen, dass man ihm zugemutet habe, seine Schuhe selber zu putzen. Nachdem die Parteien hinausgegangen waren, wurde ich gefragt, warum der Mann reklamiert habe. Ich musste sagen, was ich in der Begründung des früheren Urteils geschrieben hatte. Darauf äusserte der Präsident: «Herr Doktor, wenn ich das gelesen hätte, hätte ich das nicht unterschrieben.»

Dass dem Gericht Laien angehörten, hatte auch einen Vorteil. Wenn eine Prozesspartei über das Urteil schimpfte, konnte ich ihr sagen: «Der Präsident hat mindestens so viel Kühe im Stall wie Sie, er kann also nicht so weltfremd sein, wie Sie behaupten.» Das überzeugte.

Tatsächlich waren die Prozesse damals noch einfacher als heute, weil auch die wirtschaftlichen Verhältnisse im Bezirk einfacher waren. Die Arbeitsbelastung war ebenfalls geringer. Heute gibt es auch in den Landbezirken kein reines Laiengericht mehr. Natürlich hatten wir auch grössere Verfahren und ich habe vom Gerichtsschreiber gelernt, wie man einen Beweisauflagebeschluss aufbaut, so dass man nach durchgeführtem Beweisverfahren an Hand dieses Beschlusses ohne weiteres das Urteil abfassen kann.

In Erinnerung geblieben sind mir die Augenscheine mit dem Gericht oder dem Präsidenten in den verschiedenen Orten des Bezirks. Fand ein Augenschein z. B. in Wallisellen statt, musste man mit dem Zug zuerst nach Oerlikon fahren und dort umsteigen. Das gleiche galt für den Rückweg. Da die Züge nicht immer Anschluss hatten, pflegte der Präsident eine in der Nähe des Bahnhofs gelegene Konditorei zu besuchen. Er hatte besonders gerne Mohrenköpfe. Wenn wir erst am späten Nachmittag zurückkamen, gab es keine mehr. Er sagte dann zu mir: «Wissen Sie Herr Doktor, das sind die Beamtenfrauen, die nichts zu tun haben. Sie hocken den ganzen Tag im Café. Kommt man dann etwas später, hat es keine Mohrenköpfe mehr.»

Machte man einen Augenschein mit dem Gericht, gingen wir nicht in eine Konditorei, sondern in eine Wirtschaft, wo Wein, meist Rafzer oder Eglisauer, getrunken wurde. Er schien mir damals recht sauer. Ich durfte das aber nicht sagen, um nicht die Achtung des Gerichts zu verlieren. Solche Sitzungen konnten recht lange dauern. Als ich das erste Mal von einem solchen Augenschein kurz vor Mitternacht nach Hause kam, sass meine liebe Frau mit dem Telefon im Bett und rief die verschiedenen Wirtschaften im Städtli an, um sich zu erkundigen, wo ich geblieben sei. Sie hatte Angst, es könne mir etwas zugestossen sein. Natürlich hiess es dann, wenn ich nicht um 10 Uhr abends zu Hause sei, läute meine Frau in der Wirtschaft an.

Ein besonderer Tag war der Tag, an dem im Dezember das Obergerichtsessen stattfand, an das Präsident und Gerichtsschreiber jeweils eingeladen waren. Beide reisten bereits am Vormittag mit schwarzem Hut und Mantel nach Zürich. Ich musste die Kanzlei in Bülach hüten. Furchtbar gerne wäre ich damals einmal mitgegangen. Ich stellte mir dieses Essen als etwas ganz besonderes vor. Inzwischen habe ich an manchem solchen Obergerichtsessen teilgenommen. Ich will dem Obergericht nichts Böses nachsagen. Sein Jahresessen ist jedoch keineswegs so überwältigend. Es werden so viele Reden gehalten, dass ich manchmal vor deren Beendigung wieder in mein Büro ging. Dann stand der Wirt im Gang, verwarf die Arme und fragte, wann die Reden fertig seien, es schmelze ihm nämlich die Glace.

Bülach war nicht eine Schlafstadt für Pendler nach Zürich, sondern als Hauptort der Mittelpunkt des Bezirkes. Wir wohnten zuerst direkt neben der Kirche in einem wunderschönen Riegelhaus mit einer grossen Stube und einem Kachelofen. Ein Badezimmer gab es nicht. Dafür war das WC auf der Laube. Im Schlafzimmer gab es eine Säule, wegen der die beiden Betten derart an die Wand gestellt werden mussten, das ich nur über den Fussteil in mein Bett steigen konnte. Das störte nicht. Wir waren vielmehr wirklich glücklich.

Wir lernten bald viele Leute im Städtchen kennen. Gelegenheit dazu gab beispielsweise die Mittwochgesellschaft und der Männerchor. Ich bin völlig unmusikalisch. Trotzdem war die Mitgliedschaft im Männerchor selbstverständlich. Geprobt wurde in der Wirtschaft zum goldenen Kopf. Anschliessend ging man in die Wirtschaft zum Kreuz. Mit den Männerchörlern war es wie mit gewissen neuralgischen Schmerzen. Sie fangen im Kopf an und wandern ins Kreuz.

Damals war auch über eine Vorlage abzustimmen, mit der das Frauenstimmrecht im Bund eingeführt werden sollte. Die Befürworter vermochten aber noch nicht durchzudringen. Der Abstimmungskampf war heftig. Vor allem waren die Frauen in Bülach noch strikte dagegen. Nur meine Frau war dafür. Im Laden des landwirtschaftlichen Konsumvereins lag eine Liste auf, wo sich die Frauen, die gegen das Frauenstimmrecht waren, eintragen konnten. Die Frau eines Oberrichters unterschrieb dort mit ihrem Namen und Vornamen. Diesen Personalien wurde von ihr der Zusatz «Oberrichters» beigefügt. Auch die Frau eines Oberstleutnants wurde damals selbstverständlich mit «Frau Oberscht» angesprochen. Weil meine Frau sich für das Frauenstimmrecht einsetzte, sprach der Herr Pfarrer bei ihr vor, um ihr zu sagen, dass sie viele einfache Frauen irreführen könne, wenn sie das tue. Ein Bezirksrichter sagte mir, das dürfe ich meiner Frau nicht erlauben. Ich antwortete, meine Frau habe wie ich studiert, ich könne ihr diesbezüglich keine Vorschriften machen. Der Herr Bezirksrichter sah mich entgeistert an. Er sagte nichts, aber ich konnte ihm ansehen, dass er dachte: «So en nätte Kärli und so en Hösi.» Erst später wurde das Frauenstimmrecht dann doch eingeführt.

Trotzdem nahm auch meine Frau lebhaft am Leben in Bülach teil. Sie besuchte sogar einen «Härrehämperkurs» in Bachenbülach. Sie hat später für unsere Buben, aber nie für mich, Herrenhemden geschneidert. Ich durfte ganz normale Oberhemden tragen.

Auf der Bezirksanwaltschaft

Die Wahl

Als Gerichtssubstitut verdiente ich nicht sehr viel. Aus Sparsamkeitsgründen machte ich darum während der Ferienzeit ein Praktikum auf der Bezirksanwaltschaft Zürich, wo ich einem Laienbezirksanwalt als Gehilfe zugeteilt wurde. Ich bemühte mich, seine umfangreichen Pendenzen etwas aufzuräumen. Es sprach sich bald herum, dass ich schnell arbeite und als die Zahl der ordentlichen Bezirksanwälte für den Bezirk Zürich erhöht wurde, fragte mich der Geschäftsleiter der Bezirksanwaltschaft Zürich, ob ich nicht Lust hätte, als ordentlicher Bezirksanwalt zu kandidieren. Natürlich sagte ich zu.

Die Bezirksanwälte werden im Kanton Zürich durch die Stimmberechtigten des Bezirkes gewählt. Ich musste mich beim Präsidenten der interparteilichen Konferenz vorstellen, der mich nach meiner Parteizugehörigkeit fragte. Ich war in der Demokratischen Partei, die keinen proporzmässigen Anspruch auf einen weiteren Sitz für einen Bezirksanwalt hatte. In der Folge teilte mir aber der Geschäftsleiter der Bezirksanwaltschaft mit, dass die Freisinnige Partei bereit sei, mich als Demokraten unter Anrechnung auf ihren Anspruch vorzuschlagen. So wurde ich im Alter von 31 Jahren als ordentlicher Bezirksanwalt in Zürich gewählt. Das war damals noch ein Ereignis. Während der folgenden Tage erhielt ich unzählige telefonische und schriftliche Gratulationen zu meinem politischen Erfolg.

Ich kaufte also eine antiquarische Auflage des Handbuches für Untersuchungsrichter von Gross und studierte fleissig die darin gemachten Angaben über «Gaunerzinken» und über den Einsatz der «Gendarmerie». Das war wohl in früheren Zeiten in Österreich von Interesse. Ich habe es nicht gebraucht. Dagegen waren die Bücher, die ich über Aussagepsychologie las, wertvoll. Mit der Zeit befasste ich mich eingehender mit kriminalistischen und strafprozessualen Fragen. Zusammen mit einem Kollegen gab ich während einiger Zeit die von Comtesse begründete Kartothek zum Strafrecht heraus.

Eine eigentliche Ausbildung für Strafuntersuchungsrichter gibt es auch heute noch nicht. Zwar führt heute das kriminalistische Institut des Kantons Zürich regelmässige weiterbildende Vorträge durch, die für Bezirksanwälte obligatorisch sind. Trotzdem muss sich ein Bezirksanwalt auch heute noch die notwendigen Kenntnisse vor allem durch die Praxis erwerben.

Die Arbeit als Bezirksanwalt ist nicht leicht. Jede Untersuchung stellt für den Betroffenen eine schwere Belastung dar. Das belastet auch den Untersuchungsführer. Schön ist es, wenn man die Unschuld eines fälschlich Verdächtigten nachweisen kann. Diese Fälle sind aber selten. Manche Juristen betrachten das Strafrecht mit einer gewissen Geringschätzung. Sie vergessen, dass unsere Justiz in der Öffentlichkeit zum grossen Teil nach der Strafjustiz beurteilt wird.

Umzug nach Zürich

Am Anfang meiner Tätigkeit in Zürich wohnten wir noch in Bülach und ich kaufte einen «Austin Ten», der noch kein synchronisiertes Getriebe hatte, um täglich nach Zürich zu fahren. Als ich die Fahrprüfung machte, knirschte es beim Schalten deutlich. Ich kam trotzdem durch die Prüfung. Der Prüfungsexperte meinte, er habe noch nie einen Akademiker gut schalten gesehen, aber es sei ja mein Wagen, der so malträtiert werde. Wie jeder junge Automobilist hielt ich mich für einen besonders guten Fahrer und schrieb zahlreiche juristische Artikel für die Automobilrevue.

Nach einem Jahr zogen wir dann von Bülach nach Zürich. Das Leben in der Stadt fiel uns anfänglich eher schwer. Wir legten dann einen Garten an und um das Haus etwas individueller zu gestalten, malte ich mit Ölfarben auf die Garagentüren meine Kinder, wie sie «blinde Kuh» spielen. Das Tuch, mit dem auf meiner Schilderei die Augen des spielenden Kindes verbunden waren, entband mich von der Pflicht, allzu grosse Ähnlichkeit der Gesichtszüge erreichen zu müssen. Die anderen Kinder malte ich dann von hinten. Ich hatte während meiner Arbeit an dem Gemälde bis zu zwölf Zuschauer. Ein Autofahrer machte sogar extra den Umweg durch unsere Privatstrasse, um mir «Bravo» zuzurufen.

Der erste Staatsanwalt

Die Bezirksanwaltschaft ist der Staatsanwaltschaft unterstellt. Mein Respekt vor der Oberbehörde hielt sich in angemessenen Grenzen. Als ich einmal eine sehr umfangreiche Untersuchung abgeschlossen und an die Staatsanwaltschaft überwiesen hatte, schickte der damalige erste Staatsanwalt die mehrere Dossiers umfassenden Akten, unter Hinweis auf eine bestimmte Ziffer eines Kreisschreibens vom soundsovielten an mich «zur Vervollständigung» zurück. Ich beauftragte den mir zugeteilten Polizeibeamten, nach diesem Kreisschreiben zu fahnden, und er fand auch die betreffende Anordnung. Darin stand, dass der Schlussbericht an die Staatsanwaltschaft den Akten im Doppel beizulegen sei. Irrtümlich war der Staatsanwaltschaft aber von der Kanzlei nur ein Exemplar meines abschliessenden Berichts beigelegt worden. Ich war darüber empört, dass die Staatsanwaltschaft mir wegen dieses Versehens unnötigerweise sämtliche Akten zurückgeschickt hatte, und traf folgende Verfügung:

«1. Die Akten gehen unter Beilage eines Doppels des Schlussberichtes an die Staatsanwaltschaft zurück.
2. Ich betrachte die Rücksendung sämtlicher Akten als schikanös. Ein telefonischer Anruf hätte genügt.»

Der Herr Staatsanwalt war Oberst im Militär. Meine Verfügung kam ihm in den falschen Hals. Er schrieb mir, ich könne nicht durch Verfügung feststellen, dass er schikanös sei. Damit hatte er eigentlich recht. Er verlangte eine Entschuldigung, ansonst er mich disziplinieren müsse. Ich blieb hart und ersuchte um eine Bestrafung, damit ich mich bei der Justizdirektion beschweren könne, da ich die Rückweisung wirklich als schikanös ansah. Der Geschäftsleiter der Bezirksanwaltschaft riet mir dann, ich solle mir meine Arbeit nicht unnötig erschweren. Ich telefonierte darauf der Staatsanwaltschaft, um eine Besprechung mit dem ersten Staatsanwalt zu vereinbaren. Die Telefonistin der Staatsanwaltschaft fragte, ob ich selber am Telefon sei, und sagte mir darauf, die Kanzlei der Staatsanwaltschaft habe sich über meine Verfügung masslos gefreut.

Zu Beginn unserer Besprechung herrschte mich der erste Staatsanwalt an: «Warum sind Sie so empfindlich, Sie sind doch Offizier!» Ich antwortete ihm, darum gehe es ja gerade. Wenn ich in Zivil unberechtigterweise die Uniform trüge, würde ich bestraft, und wenn er im Zivil einen militärischen Ton anschlage, sei das unangemessen! «Das hat überhaupt nichts mit Militär zu tun», warf er ein. Im Laufe des Gesprächs glätteten sich die Wogen.

Eine ungenügende Anklageschrift

Auch gegenüber einem allzu genauen Bezirksgerichtspräsidenten wusste ich mich zu wehren. In einer von mir verfassten Anklage wegen Eisenbahnbetriebsgefährdung wurde dem Angeklagten vorgeworfen, er habe mit seinem Lastwagen die Geleise eines Bahnübergangs gequert, ohne sich zu vergewissern, ob ein Zug nahe. Die Anklage wurde vom

Bezirksgerichtspräsidenten nicht zugelassen, da sich aus ihr nicht ergebe, wie sich der Angeklagte über das Nahen eines Zuges zu vergewissern habe. Ich nahm also meinen Füllfederhalter und schrieb in die Anklageschrift hinein: «durch einen Blick». Das genügte juristisch. Trotzdem war der Gerichtspräsident über die Form der Ergänzung der Anklage etwas erstaunt.

Urkundenfälschung und falsches Zeugnis

Die grösseren Untersuchungen, die ich zu führen hatte, kann ich hier nicht schildern. Dagegen möchte ich einen Fall erwähnen, bei dem es vor allem kriminalistisches Geschick brauchte.

Der Eigentümer eines Autos hatte einen Unfall und verlangte vom Verursacher desselben Schadenersatz mit der Begründung, es seien ihm Mietzinseinnahmen entgangen, da er seinen Wagen nicht habe weitervermieten können. Der Beklagte wandte ein, der Kläger könne den Mietzinsausfall nicht geltend machen, er vermiete Autos nicht etwa geschäftlich und es sei auch nicht nachgewiesen, dass er den Wagen ausnahmsweise an einen Interessenten vermietet habe. Der Kläger legte dann einen angeblich anfangs Mai unterschriebenen Mietvertrag vor, nach dem er sein Auto einem Bekannten für eine Reise nach Jugoslawien vermietet hatte, die Mitte Mai hätte stattfinden sollen. Auf der gleichen Urkunde befand sich eine von Ende Mai datierte Quittung, nach der der Vermieter dem Mieter die geleistete Anzahlung zurückgezahlt haben soll. Mietvertrag und Quittung trugen die Unterschrift beider Vertragsparteien. Der Beklagte, der dieser Urkunde misstraute, erstattete Strafanzeige gegen den Mieter und dessen Kollegen, die im Schadenersatzprozess die Darstellung des Vermieters bestätigt hatten, sowie wegen Urkundenfälschung gegen den Vermieter und den Mieter. Auffallend war, dass die Aussagen der im Zivilprozess befragten Beteiligten sozusagen bis ins kleinste Detail übereinstimmten. Ich hatte deshalb den Verdacht, dass die Zeugen ihre Aussagen miteinander vereinbart hätten. Aber man kann ja eine Anklage nicht damit begründen, dass alle Beteiligten zu Gunsten des Beschuldigten ausgesagt hätten. Das einzige objektive Beweismittel, das zur Verfügung stand, war der Mietvertrag mit der angeblich später darauf angebrachten Quittung. Ausserdem lag ein Durchschlag dieser Urkunde bei den Akten. Wenn man nun Original und Durchschlag im Gegenlicht zur Deckung brachte, deckten sich sowohl der Text des Vertrages und der Quittung als auch die Unterschrift des Vermieters darunter. Lediglich die Unterschriften des Mieters deckten sich nicht. Brachte man aber die Unterschrift des Mieters unter dem Mietvertrag zur Deckung, deckten sich auch die Unterschriften unter der Quittung. Damit war der Beweis erbracht, dass Vertrag und Quittung am gleichen Tag vom Vermieter geschrieben und unterschrieben worden waren und der Mieter diese nachträglich ebenfalls im gleichen Zug unterschrieb. Anders liess sich der Umstand nicht erklären, dass Original und Kopie jeweils im Zeitpunkt der Unterzeichnung von Vertrag und Quittung durch die Vertragsparteien nicht verschoben worden waren. Die Angeklagten wurden dann geständig.

Der Schweinehirt

Ich hatte eine Untersuchung gegen einen eher harmlosen Gewohnheitsdieb zu führen. Ihm wurden 48 Diebstähle und anschliessende Betrüge vorgeworfen. Er hatte in der Erntezeit, wo Hilfskräfte knapp waren, jeweils bei Bauern vorgesprochen und sich als Gehilfen für die Erntearbeiten angeboten. Er wurde eingestellt und erklärte dann, er müsse mit dem Fahrrad erst zurück in den Kanton Bern fahren, um seine Arbeitskleider zu holen. Der Bauer gab ihm dann Geld für ein Eisenbahnbillett und er liess das Velo als Pfand zurück. In der Folge erschien er nicht mehr. Die Fahrräder waren alle gestohlen, und er hatte nie die Absicht gehabt, die Arbeit wirklich aufzunehmen. Es ging ihm nur um das erhaltene Fahrgeld. Als die Polizei versuchte, die Geschädigten ausfindig zu machen, waren sie erbost. Einzelne Bauern drohten dem Polizeibeamten sogar mit der Peitsche, weil sie erst durch die Strafuntersuchung zu Schaden kamen. Sie mussten die gestohlenen Fahrräder den wirklichen Eigentümern ohne Entschädigung zurückgeben.

Da es sich beim Angeschuldigten um einen unverbesserlichen Gewohnheitsdieb handelte, wurde er verwahrt. Er hatte keine Angehörigen und ich schickte ihm zu Weihnachten ein Päckchen. Er dankte mir und schrieb: «Mir geht es gut, denn erstens habe ich eine Vertrauensstelle und zweitens bin ich Schweinehirt.» Das Päckchen, das ich im Jahr darauf schickte, kam als unzustellbar zurück. Im Polizeianzeiger sah ich dann bald, dass mein Schützling wieder ausgeschrieben war.

Eugen W...

Eugen W. war ein notorischer Betrüger und zwar ging es meist um grössere Beträge. Er hatte ein ausgezeichnetes Gedächtnis und konnte immer wieder auf Widersprüche in den Aussagen der Zeugen hinweisen. Er sagte meist zu neunzig Prozent die Wahrheit, beim Rest handelte es sich nach seiner Darstellung um ein Missverständnis. Wenn ich ihm einen Fall vorhielt, sagte er manchmal: «Nein Herr Bezirksanwalt, das langt noch nicht. Da müssen Sie schon weiter suchen.»

Er war daneben ein Künstler und fertigte in der Haft verblüffend gute Kopien alter Gemälde an. Als ich ihm sagte, mit seinen Fähigkeiten könne er ohne weiteres seinen Lebensunterhalt auf ehrliche Art bestreiten, meinte er, zum Malen habe er nur in der Haft genug Musse. Mit den Bildern, die er während der Untersuchungshaft malte, finanzierte er seine Verteidigung. Er lehnte die Bestellung eines amtlichen Verteidigers ab. Auch ich habe ihm die Kopie eines alten Niederländers abgekauft. Da ich nicht wollte, dass mit dieser Kopie ein Betrug begangen werden könne, bat ich Eugen, die Kopie auf der Rückseite zu zeichnen. Er vermerkte dort: «Gemalt von Eugen W. . ., sous les verroux.» (hinter Schloss und Riegel)

Das gestohlene Eisenbahnmodell

Der Anzeigeerstatter hatte in jahrelanger Arbeit das Modell einer Dampflokomotive angefertigt. Ein Bekannter hatte ihn wiederholt gebeten, ihm dieses Modell zu verkaufen. Er war nicht bereit dazu. Nachdem dieser Interessent wieder einmal bei ihm vorgesprochen hatte, entdeckte der Geschädigte einige Tage später, dass sein Modell fehlte. Er verdächtigte diesen Bekannten. Dessen Hauswirtin hatte ihn denn auch mit einem grossen Paket heimkommen sehen. Die Akten genügten aber nicht, um den Verdächtigen zu überführen. Er brachte den notwendigen Beweis dann selber. Zu seiner Verteidigung reichte er nämlich eine Quittung ein, nach der eine solche Maschine von einem Dritten namens René Knabenhans an einen Feilträger verkauft worden sei. Er behauptete, er habe diese Quittung nach ausgedehnten Nachforschungen beim betreffenden Feilträger erhältlich machen können. Ich legte dann die Quittung neben seinen handgeschriebenen Lebenslauf und es zeigte sich, dass beide Urkunden die gleiche Handschrift trugen. Damit war er überführt. Er selber war der Verkäufer gewesen.

Nicht alles, was von der Polizei rapportiert wurde, war von Bedeutung. Wieherte der Amtsschimmel zu fröhlich, habe ich ihm auch einmal einen liebevollen Klaps gegeben.

Als die Stadtpolizei unter dem Titel «Trambetriebsgefährdung» über einen glimpflich abgelaufenen Unfall rapportierte, schrieb ich folgende Einstellungsverfügung:

> «Am soundsovielten lief der 75jährige Hans Kernbeisser in den Grossraumwagen der Linie 4. Das Tram wurde dadurch nicht gefährdet. Die Untersuchung ist daher einzustellen.»

Auch folgender Fall fand eine rasche Erledigung: Ein Zürcher war mit seiner Familie durch den Jestetter Zipfel, eine deutsche Enklave, gewandert. Es lief ihm dort ein fremder Hund nach, den er einfach nicht los wurde. Er nahm ihn daher mit nach Zürich und schrieb dem Gemeindepräsidenten von Jestetten, dass der Hund bei ihm abgeholt werden könne. Als der Eigentümer den Hund abholen wollte, war dieser bereits wieder fortgelaufen. Man hätte darüber diskutieren können, ob nicht seuchenpolizeiliche Vorschriften verletzt worden seien. Ich erledigte den Fall auf Grund folgender Erwägungen:

> «Am soundsovielten rapportierte die Polizei über die Irrfahrten eines Hundes, der dem Geschädigten weg, dem Angeschuldigten nach und dann überhaupt fortgelaufen war. Ein von der Bezirksanwaltschaft zu untersuchender Sachverhalt liegt nicht vor.»

Der Beruf als Rechtsanwalt

Nach sechs Jahren Tätigkeit als Untersuchungsrichter entschloss ich mich, Rechtsanwalt zu werden. Ich war zumeist forensisch, d. h. als Rechtsbei-
stand in Zivil- und Strafsachen vor Gericht tätig.
Das lag mir besser als eine kommerzielle Beratungs-
tätigkeit.

Vertretung in Zivilsachen

Anwälte können nicht immer klüger als ihre Klienten sein. Sie sollten ihnen aber voraus haben, dass sie
als Aussenstehende die Sache unvoreingenommener
sehen. Dank dieser grösseren Objektivität und ihrer
Ausbildung können sie eher beurteilen, was bei
einer rechtlichen Auseinandersetzung überhaupt er-
reichbar ist. Auch wenn die Parteien unheilbar zer-
stritten sind, gelingt es einem Anwalt oft, doch noch
mit der Gegenpartei ins Gespräch und zu einer Lösung zu kommen. Wirklich helfen kann man aber
nicht immer. Zu denken ist hier an das Beispiel des
Scheidungsprozesses. Eine Frau ist nach der Scheidung, auch wenn sie mit ihren Anträgen obgesiegt
hat, meist enttäuscht. Sie leidet weiterhin darunter,
dass die Ehe gescheitert ist. Der Streit zwischen den
Parteien wird nach der Scheidung oft über Streitigkeiten wegen des Besuchsrechtes weitergeführt.
Durch eine vernünftige gütliche Vereinbarung der
Parteien über die Nebenfolgen der Scheidung kann

man ihnen manchmal mehr helfen als mit einem gewonnenen Prozess.

Auch in anderen zivilrechtlichen Streitigkeiten bietet ein langwieriger Prozess nicht immer eine befriedigende Lösung. Er erfordert vor allem auch vom Klienten einen grossen Aufwand an Zeit und Nervenkraft.

Das Prozessrisiko

Manche Leute meinen, ein Anwalt müsse etwa fünfzig Prozent der übernommenen Fälle verlieren, denn in jedem Prozess verliere immer eine Partei. Diese Rechnung ist unrichtig. Meist haben beide Parteien nicht ganz recht. Wenn ein Klient zum Anwalt kommt, soll dieser ihm eine richtige Beurteilung der Sache geben. Er soll ihm gegebenenfalls von einem unbegründeten Prozess abraten und ihn auf das Prozessrisiko hinweisen. Dann wird vielleicht aus der Sache überhaupt kein «Fall». Öfter kommt es auch zu einem Vergleich der Parteien.

Man muss als Anwalt auch einen Prozess verlieren können. Das ist im Strafprozess, wo jedenfalls ein Anspruch auf Verteidigung besteht, selbstverständlich, gilt aber auch für den Zivilprozess. Manchmal zeigt erst das Beweisverfahren eine andere Sachlage als erwartet oder es sind umstrittene Rechtsfragen zu beantworten, die noch nicht befriedigend gelöst sind. Selbst das Bundesgericht ändert manchmal seine Praxis. Ein Anwalt kann nicht nur klare Fälle übernehmen. Er hat, soweit das im Rahmen einer vernünftigen Prozessführung möglich ist, die Interessen seines Auftraggebers zu vertreten und darf sich nicht zum Richter über seinen Klienten machen.

Der Strafverteidiger

Für den Anwalt als Strafverteidiger ergibt sich eine gewisse Schwierigkeit daraus, dass er einerseits an das Recht gebunden ist und anderseits die Interessen des Klienten zu wahren hat. Darüber hinaus soll er gegenüber dem Gegner eine gewisse Ritterlichkeit zeigen. Er soll gleichzeitig treu dem Recht, dem Klienten und dem Gegner sein. Das scheint zu einem Interessenkonflikt zu führen. Es zeigt sich aber, dass die Wahrung aller drei Pflichten im Interesse des Klienten liegt. Das gilt namentlich auch für die Fairness gegenüber dem Gegner. Jede Unbeherrschtheit erschwert die objektive Beurteilung des Sachverhaltes und damit die Rechtsfindung. Ich anerkenne indessen, dass sich der Anwalt hier in einer schwierigeren Stellung als der Richter oder der Staatsanwalt befindet.

Die Wahrheitspflicht des Verteidigers

Der Verteidiger ist keineswegs das Sprachrohr seines Klienten. Er bleibt für seinen Vortrag persönlich verantwortlich. Über die Frage, ob der Anwalt immer die Wahrheit sagen müsse, ist viel Tinte geflossen. Die zürcherische Prozessordnung beantwortet sie in § 19 StPO eindeutig. Es heisst dort:

«Alle bei dem Strafverfahren mitwirkenden Personen, Richter, Geschworene, Untersuchungsbeamte, Ankläger und Verteidiger sollen . . . sich aller Entstellungen der Wahrheit enthalten.»

Mit Recht wird hier zwischen Richter, Untersuchungsbeamten und Verteidiger kein Unterschied gemacht. Jede andere Auffassung würde den Anwalt praktisch zum «Gehilfen des Diebes» machen.

Manchmal wird hier eingewandt, dass die Pflicht zur Wahrung des Anwaltsgeheimnisses dem Anwalt nicht immer erlaube, die Wahrheit zu sagen. Es wird die Frage gestellt: «Wie verhält es sich, wenn der Angeklagte seinem Verteidiger die Tat zugestanden hat, sie aber in der Untersuchung bestreitet? Darf dann der Verteidiger dem Gericht die Wahrheit sagen oder muss er nicht im Hinblick auf die anwaltliche Schweigepflicht lügen, wenn sein Klient das von ihm verlangt?»

Das Problem scheint mir sehr theoretisch zu sein. Gibt ein Angeschuldigter gegenüber dem Verteidiger die Tat zu, wird es dem Verteidiger in der Regel gelingen, ihn dazu zu veranlassen, das Geständnis auch gegenüber dem Untersuchungsrichter abzulegen. Das führt oft zu einer Verbesserung der unhaltbar gewordenen Stellung des Klienten in der Strafuntersuchung. Es sind keineswegs die schlechtesten Beschuldigten, die die Tat anfänglich bestreiten. Oft ist es so, dass dem Angeschuldigten selber die Tat dermassen unentschuldbar erscheint, dass er Mühe hat, sie zuzugeben. Das klassische Beispiel sind brave Hausfrauen, die in einem Selbstbedienungsladen zur Befriedigung eines momentanen Gelüstes eine Entwendung begangen haben. Im Augenblick der Tat handelten sie aus Leichtsinn, unüberlegt. Wenn sie dann erwischt worden sind und daran denken, dass der brave Vater und die Kinder erfahren könnten, die Mutter habe gestohlen, glauben sie, die Welt stürze zusammen und fangen an, dumm zu bestreiten.

Die Erfahrung zeigt im übrigen, dass es jedenfalls nicht im Interesse des Angeklagten liegt, in der Strafuntersuchung zu lügen. Eine solche Lüge kann äusserst gefährlich sein. Es ist z. B. denkbar, dass ein Angeklagter trotz seiner Unschuld verurteilt wird, nur weil er in der Untersuchung gelogen hat und der Richter das als Indiz für seine Schuld ansah. Die Meinung, nur der Schuldige lüge, ist jedoch falsch. Gelogen wird nicht, weil man schuldig ist, sondern weil man Angst hat. Es ist z. B. möglich, dass ein mehrfach vorbestrafter Einbrecher, der zur Zeit des untersuchten Einbruches in der Nähe des Tatortes war, das lügenhaft bestreitet, weil er befürchtet, man werde ihm den Einbruch, den er tatsächlich nicht begangen hat, zur Last legen. Aber auch der Schuldige sollte besser nicht lügen. Die Gefahr, dass er doch überführt wird, ist gross. Wie will ihn übrigens ein Verteidiger richtig verteidigen, wenn er die Motive und Umstände, die zur Tat geführt haben, nicht nennen kann? Der Verteidiger kann doch nicht bestreiten, dass sein Klient Brot gestohlen hat und gleichzeitig geltend machen, der Angeklagte sei unverschuldet in grosser Not gewesen und habe grossen Hunger gehabt.

Wie ist es aber, wenn der schuldige Angeklagte

sich vom Verteidiger nicht überzeugen lässt, sondern von diesem verlangt, dass er auf Freispruch plädiere? Mich würde die Zeit für eine solche Verteidigung reuen, und ich würde den Angeklagten bitten, einen anderen Anwalt zu suchen, ihn also nicht verteidigen. Was macht aber ein amtlicher Verteidiger, der das Mandat nicht einfach niederlegen kann. Mir ist dieser Fall noch nie passiert. Sicher darf der Anwalt auch hier nicht lügen. Aus seiner Treuepflicht ergibt sich anderseits, dass er dem Beschuldigten zu helfen hat, den Angriff der Anklage abzuwehren. Vor allem hat er dafür zu sorgen, dass das Verfahren gegen seinen Klienten unter Wahrung seiner prozessualen Rechte ordnungsgemäss geführt wird.

Die Prozessordnung, die zwar die Ermittlung der objektiven Wahrheit erstrebt, geht ja selber davon aus, dass dazu nicht jedes beliebige Mittel verwendet werden dürfe und ein Urteil nur auf Grund einer im ordnungsgemässen Prozessverfahren sorgfältig vorgenommenen Tatsachenermittlung erfolgen dürfe. Deshalb wird der Anwalt, der sein Mandat aus irgendeinem Grunde nicht niederlegen kann, obwohl ihm der nicht geständige Täter ein Geständnis abgelegt hat, die Schlüssigkeit der Beweismittel prüfen und auf Lücken der Beweisführung hinweisen müssen. Von einer Niederlegung des Mandates unter einem Vorwand halte ich nichts. Das wäre auch eine Lüge und würde das Problem nur scheinbar lösen. Der amtliche Verteidiger würde sich der Verantwortung dadurch entschlagen, dass er sich auf den Standpunkt stellt, es gehe ihn ja nichts an, inwieweit sein Nachfolger angelogen werde. Ein solches Vorgehen wäre gegenüber dem Kollegen unkorrekt, der nach ihm das Mandat als amtlicher Verteidiger übernehmen muss.

Hier kann es also tatsächlich zu einem Interessenkonflikt kommen. Vom Anwalt, der sich als Kämpfer für das Recht fühlt, wird ein grosses Opfer gefordert, wenn er als amtlicher Verteidiger eine solche Verteidigung weiterführen muss. Dieses Opfer ist aber notwendig. Nur wenn der Klient sich absolut auf die Geheimhaltungspflicht des Anwaltes verlassen darf, kann er ihm volles Vertrauen entgegenbringen. Nur wenn er volles Vertrauen hat, wird er seinem Verteidiger die Wahrheit sagen, und nur dann kann ihn der Anwalt richtig beraten. Das Anwaltsgeheimnis ist daher eine notwendige Voraussetzung für die richtige Ausübung der Anwaltstätigkeit und nicht ein unbegründetes Privileg des Verteidigers.

Die Stellung des Verteidigers gegenüber der Anklagebehörde

Grundsätzlich ist der Ankläger verpflichtet, den Umständen, die den Beschuldigten entlasten, mit gleicher Sorgfalt wie den belastenden nachzugehen. Aber es ist darauf hinzuweisen, dass auch der loyalste Untersuchungsrichter nicht zugleich die Verteidigung des Beschuldigten übernehmen kann. Pfenninger sagt zu einer solchen «Verteidigung durch den Staatsanwalt» spöttisch:

«Gäbe es wirklich einen Staatsanwalt, der nach Sammlung des Belastungsmaterials mit gleichem Eifer die Unzulässigkeit dieses Belastungsmaterials darzutun versuchte, wäre dieser weisse Rabe dem Angeklagten trotzdem ein Danaergeschenk, da schon die Tatsache der Klageerhebung beweist, dass dieser Inkognito-Verteidiger selbst die Entlastungsmomente leichter als die Belastungsmomente empfunden hat.»

Die Vereinigung derart entgegengesetzter Funktionen wie Anklage und Verteidigung in einer Hand ist eine psychologische Unmöglichkeit. Wenn ich als Untersuchungsrichter Akten ansah und fand darin beispielsweise Unterlagen über ein Alibi des Verdächtigen, habe ich das oft nochmals überprüft, weil diese Angaben mir nicht schlüssig erschienen. Das war richtig. Ein Untersuchungsrichter, der nicht alle Verteidigungseinwendungen sorgfältig überprüft, ist ein schlechter Untersuchungsrichter. Immerhin wäre das weniger gravierend als ein Versagen der Verteidigung. Vielleicht führt mangelnde Sorgfalt des Untersuchungsrichters, in einzelnen Fällen dazu, dass ein Schuldiger nicht überführt werden kann. Wenn ein Verteidiger die belastenden Beweismittel nicht mit genügender Vorsicht überprüfen würde, wäre das viel schlimmer. Sein Verhalten könnte zur Verurteilung eines Unschuldigen beitragen. Es lässt sich nicht bestreiten, dass solche Fehlurteile vorkommen können. Als Fehlurteil bezeichne ich ein Urteil, durch das ein Unschuldiger schuldig befunden und verurteilt worden ist. Unser aller Bemühen ist, das zu verhindern.

Wenn ich zuerst von der Wahrheitspflicht des Verteidigers gesprochen habe, so geschah das, um ein weitverbreitetes Vorurteil zu widerlegen. Eine weitere Pflicht des Anwaltes ist aber auch seine Skepsis gegenüber jedem Beweismittel. Etwas überspitzt kann gesagt werden: «Jeder Beweis ist sicher unsicher.» Nichts wäre schlimmer, als wenn der Verteidiger sich einfach von der Menge der erdrückend erscheinenden Beweise erschlagen liesse und seinen Klienten zu einem Geständnis überreden würde, obwohl dieser die ihm vorgeworfene Tat vehement bestreitet. Mit Recht wird in der Literatur darauf hingewiesen, dass je grösser der bestehende Verdacht ist, desto mehr die Gefahr besteht, dass die staatlichen Verfolgungsorgane, einschliesslich des Gerichtes, die dem Gedanken der Justizförmigkeit dienenden schützenden Prozessformen als lästige Fesseln und somit als Hindernis bei der Ermittlung der materiellen Wahrheit betrachten (Eberhard Schmidt).

Unser aller Bemühen ist es, die Verurteilung eines Unschuldigen zu verhindern. Es darf nicht geschehen, dass ein Verteidiger sich an einem solchen Fehlurteil mitschuldig macht, indem er beispielsweise zu unkritisch gegenüber einem Gutachten war oder zu leicht auf die Vernehmung eines Zeugen oder die Ergreifung eines Rechtsmittels verzichtete. Dazu braucht es manchmal viel Festigkeit. Wenn der Angeklagte unsympathisch ist, wenn die Beweise drückend erscheinen, wenn die Aussicht auf Erfolg eines

Rechtsmittels gering ist, ist es für den Verteidiger nicht leicht, trotzdem ein Rechtsmittel zu ergreifen und nochmals in aller Öffentlichkeit seinen schwierigen Standpunkt zu vertreten.

Die Beratung eines Beschuldigten durch den Verteidiger

Ein Verteidiger kann keine Wunder vollbringen. Er kann nicht aus schwarz weiss machen. Aber er sollte eine richtige Diagnose stellen und seinem Klienten richtig raten können. Das ist oft gar nicht leicht.

Es besteht ein grosser Unterschied zwischen der Beratung während der Voruntersuchung und der Beratung nachdem die Untersuchung abgeschlossen ist. Mich hat einmal ein Klient gefragt, ob es zu einer Verurteilung genüge, dass man ihm diese oder jene bestimmte Tatsache nachweisen könne. Ich fragte ihn darauf, ob er überhaupt in Strafuntersuchung stehe, und er antwortete mir: «Noch nicht». Ich habe ihm gesagt, er dürfe nicht glauben, ich rate ihm, wie er lügen solle, er würde sich nur selber schaden. Der Anwalt darf nicht helfen, die tatsächlichen Umstände zu verdunkeln. Solange noch nicht alle Beweisergebnisse vorliegen, sollte der Verteidiger auch zurückhaltend mit der Stellung einer Prognose über den Ausgang des Verfahrens sein. Es kann sich im Laufe der Untersuchung am Beweisergebnis noch manches ändern. Anders ist es, wenn die Untersuchung einmal abgeschlossen ist und die Anklageschrift vorliegt. Dann gehört es zur selbstverständlichen Aufgabe des Anwaltes, dass er seinem Klienten auch eine Prognose über den voraussichtlichen Prozessausgang stellt. Vor allem soll der Anwalt es seinem Klienten sagen, wenn er zum Schluss kommt, seine Schuld sei auf Grund des Untersuchungsergebnisses erwiesen. Nur so erreicht man, dass der Klient allenfalls neue Argumente bekannt gibt, die in der Untersuchung noch nicht vorgebracht wurden und geklärt werden müssen. Mir hat ein Kollege einmal gesagt, eine Instruktion sei erst dann vollständig, wenn der Klient gequält frage: «Vertreten Sie eigentlich die Gegenpartei?»

Der freie Verkehr des Verteidigers mit dem Angeschuldigten in der Untersuchung

Eines der wichtigsten Rechte der Verteidigung ist der freie Verkehr mit dem verhafteten Angeklagten. Eine Besprechung unter Aufsicht ist völlig sinnlos. In einem Aufsatz von Prof. Pfenninger fand ich sogar die Ansicht vertreten, dass jeder Verteidiger, der mit seinem Klienten unter Aufsicht spreche, wider die Standesehre sündige. Trotzdem kann nach der Zürcher Strafprozessordnung eine solche unbeaufsichtigte Besprechung vom Bezirksanwalt verweigert werden. Tatsächlich ist aber eine richtige Instruktion unter Aufsicht unmöglich. Wie soll zwischen dem Angeklagten und dem Verteidiger das notwendige Vertrauensverhältnis entstehen, wenn die Organe der Untersuchungsbehörde jedes Wort kontrollieren? Der Angeschuldigte ist jedenfalls nicht frei, wirklich offen zu sprechen, und wird vielleicht sogar den Verdacht hegen, dass auch der Verteidiger mit Rücksicht auf den Zuhörenden nicht das sage, was er wirklich denke. Trotzdem enthält die geltende zürcherische Prozessordnung hier eine Beschränkung. In § 18 StPO heisst es, dass dem verhafteten Angeschuldigten der schriftliche und mündliche Verkehr mit dem Verteidiger gestattet sei, soweit der Untersuchungszweck nicht gefährdet werde. Weiter wird gesagt, dass, sobald der Verhaft 14 Tage gedauert habe, dem Angeschuldigten die Erlaubnis, sich mit dem Verteidiger frei und unbeaufsichtigt zu beraten, ohne besondere Gründe, insbesondere Kollusionsgefahr, nicht verweigert werden dürfe. Offenbar nahm der Gesetzgeber an, der Verteidiger sei möglicherweise eben doch nur der Gehilfe des Diebes und werde hier Kollusionsgefahr schaffen. Im Interesse einer objektiven Untersuchung sollte jedoch von einer Beschränkung des Verkehrs mit dem Angeschuldigten, wie im angelsächsischen Recht, abgesehen werden.

Gerade am Anfang einer Untersuchung ist die Möglichkeit zu einer unbeaufsichtigten Besprechung notwendig. Dass das praktisch durchführbar ist, beweist die erwähnte Regelung der angelsächsischen Länder, wo die Rechte der Verteidigung in der Untersuchung bedeutend besser gewahrt werden. Man nehme folgendes Beispiel: Ein Angeschuldigter sei verhaftet worden. Der Untersuchungsrichter gewähre keine unbeaufsichtigte Besprechung und gewähre auch keine volle Akteneinsicht. Es stellt sich die Frage, ob überhaupt ein Haftgrund bestehe. Wie soll hier ein Verteidiger wirklich eine fundierte

Einsprache gegen die Verhaftung ergreifen können, wenn er weder die vollständigen Akten kennt, noch frei mit seinem Klienten sprechen kann? Dabei geht es hier um das wichtigste Freiheitsrecht, das der Bürger besitzt, nämlich um seine persönliche Freiheit. Der Verteidiger erhält vom Bezirksanwalt meist nur eine summarische Haftverfügung, in der lediglich steht, der Angeschuldigte sei eines bestimmten Vergehens dringend verdächtig und es bestehe Kollusions- oder Fluchtgefahr. Für eine wirksame Verteidigung der Interessen des Angeschuldigten genügt das nicht.

Eine Volksinitiative für einen besseren Rechtsschutz in Strafsachen soll hier Abhilfe schaffen.

Die Anwesenheit des Verteidigers bei der Befragung seines Klienten

Nach der heute noch geltenden Prozessordnung hat der Verteidiger nicht das Recht, bei der Befragung seines Klienten durch die Polizei anwesend zu sein. Das ist nicht gerechtfertigt. Es ist unbestritten, dass ein Beschuldigter nicht verpflichtet ist, in der Untersuchung überhaupt auszusagen. Er darf schweigen. Er könnte also erklären, er sage weder vor der Polizei noch vor dem Untersuchungsrichter aus, solange sein Verteidiger nicht anwesend sei. Das nützt ihm aber kaum etwas, denn in der Regel wird der Untersuchungsführer ihm dann erklären, unter diesen Umständen bestehe Verdunklungsgefahr und damit sei ein Haftgrund gegeben. So ist er dann gezwungen

Aussagen zu machen, wenn er eine Haftanordnung vermeiden will. Das ist unfair. Zu einem solchen Vorgehen sollte das Gesetz nicht Hand bieten.

Die Anwesenheit des Verteidigers bei der Befragung des Angeschuldigten ist sogar geeignet gewisse Schwierigkeiten zu vermeiden. Es kommt immer wieder vor, dass ein Beschuldigter später ein bei der Polizei oder vor dem Untersuchungsrichter gegebenes Geständnis widerruft und behauptet, er habe seine Aussagen nur gemacht, weil er unter einem gewissen Druck gestanden sei. War der Verteidiger bei der Einvernahme jedoch anwesend, besteht eine gewisse Sicherheit, dass die Befragung korrekt erfolgte.

Zu Unrecht machen die Untersuchungsbehörden geltend, durch die Möglichkeit der Anwesenheit des Verteidigers werde das Verfahren jedenfalls verzögert. Der Beschuldigte kann selbstverständlich auf den Beizug des Verteidigers zu seinen Befragungen verzichten. Das wird in einfachen Fällen zumeist der Fall sein.

Die Mittel der Verteidigung

Der Verteidigung stehen keinesfalls die gleichen Mittel zur Verfügung wie den Untersuchungsbehörden. Die Untersuchungsbehörde kann unabhängig von den Kosten, jedes ihr nötig scheinende Gutachten anordnen. Sie verfügt namentlich über die Register der Behörden, wie das Hausbogenregister, die polizeilichen Statistiken über Unfälle an bestimmten Strassenkreuzungen, Spezialitätenregister usw. Diese Unterlagen können auch für die Verteidigung von grosser Bedeutung sein. Irgend jemand hat einmal gesagt, ein Privatdetektiv könne nie ein wirklicher Kriminalist sein, denn ohne Register sei ein kriminalistisches Vorgehen nicht möglich. Es braucht nicht im einzelnen begründet zu werden, wie wichtig solche Register sein können. Bei einem ungeklärten Diebstahl in einem bestimmten Hause ist z. B. das Hausbogenregister von grosser Bedeutung. Man kann auf Grund desselben z. B. feststellen, wer bestimmte Kenntnisse vom Tatort hat. Die Glaubwürdigkeit eines Zeugen lässt sich möglicherweise auf Grund seiner Polizeiakten abklären. Über solche Hilfsmittel verfügt der Verteidiger nicht. Er kann höchstens der Untersuchungsbehörde Antrag stellen, sie möge diese Abklärung vornehmen. Ein guter Untersuchungsrichter wird das tun, ein weniger gewissenhafter wird eventuell einfach erklären, es hätten sich keine Anhaltspunkte für eine andere Täterschaft ergeben. Überprüfen lässt sich das durch die Verteidigung nicht. Das ist in Amerika anders. Dort gibt es in einzelnen Staaten unabhängige, staatliche Untersuchungsstellen, die im Auftrage der Verteidigung solche Fragen klären können. Mir scheint das eine nützliche Einrichtung zu sein.

Die Ungleichheit von Anklage und Verteidigung zeigt sich manchmal sogar im Verfahren vor Gericht. Ich habe es selten erlebt, dass ein Richter dem Staatsanwalt, der Fragen stellt, ins Wort fällt. Im Gegenteil, hier ist man gespannt, worauf er hinaus will. Beim Verteidiger ist man manchmal weniger geduldig. Der Verteidiger muss dann energisch auf seinem Fragerecht bestehen. Er weiss möglicherweise aus seiner Kenntnis des Sachverhalts Dinge, die der Richter nicht kennt und strebt mit seinen Fragen die Abklärung eines Punktes an, der sich nachher durchaus als wichtig erweist. Es zeigt sich hier, wie notwendig es ist, dass Anklage und Verteidigung ihre Aufgabe sorgfältig erfüllen. Dann hat der Richter keinen Anlass, in das Verfahren zu Gunsten oder Lasten einer Partei einzugreifen.

Das falsche Geständnis eines Mitangeschuldigten

Ich hatte eine Klientin zu verteidigen, der Steuerbetrug vorgeworfen wurde. Auf Grund der Akten glaubte ich eigentlich nicht mehr an ihre Unschuld. Sie war als Buchhalterin bei einem Geschäftsmann angestellt, der ihr für ihre Steuererklärung einen Lohnausweis über ein Einkommen von Fr. 25 000.— ausgestellt hatte. In der eigenen Steuererklärung vermerkte der Arbeitgeber jedoch die Bezüge meiner Klientin mit Fr. 35 000.—. Als er von der Steuerbehörde auf die Differenz aufmerksam gemacht wurde, erklärte er, der Lohnausweis sei unrichtig, es handle sich dabei nur um eine Gefälligkeit gegenüber der Arbeitnehmerin. Er gab zu, sich der Gehilfenschaft bei einem Steuerbetrug seiner Angestellten schuldig gemacht zu haben.

Meine Klientin bestritt trotzdem, einen Steuerbetrug begangen zu haben. Gegen sie sprach, dass sie tatsächlich auf Grund des Anstellungsvertrages rund Fr. 45 000.— als Lohn zugut gehabt hätte. Ausserdem hatte sie Postcheckbezüge getätigt, die den Betrag von Fr. 35 000.— sogar überstiegen. Sie machte jedoch geltend, sie habe diese Beträge für ihren Arbeitgeber abgehoben und ihm abgeliefert. Quittungen bestanden nicht.

Ich sprach ernsthaft mit meiner Klientin und wies sie darauf hin, dass ihr Arbeitgeber sich bereits der Gehilfenschaft zu Steuerbetrug schuldig erklärt habe. Meine Klientin blieb aber fest. Ich konnte das nur schwer verstehen.

Zum Glück überlegte ich mir die Sache nochmals. Der Arbeitgeber hatte in seiner Befragung geltend gemacht, er habe den unrichtigen Lohnausweis nur darum ausgestellt, weil er von meiner Klientin überrumpelt worden sei. Sie habe ihm erklärt, sie habe ihre Steuererklärung schon abgegeben und müsse nun einen gleichlautenden Lohnausweis einreichen. Er habe sich die Sache nicht genügend überlegen können. Mir kam dann in den Sinn, bei der AHV-Verwaltung nachzuprüfen, wie bei der AHV vierteljährlich tatsächlich über die Bezüge meiner Klientin abgerechnet worden war. Es zeigte sich, dass dort vom Arbeitgeber meiner Klientin auch nur das geringere Einkommen angegeben worden war. Das zeigte, dass seine Behauptung, er sei überrumpelt worden, unrichtig war. Der Arbeitgeber meiner Klientin hatte in der Untersuchung fälschlich ein Geständnis bezüglich der Ausstellung eines unrichtigen Lohnausweises abgelegt, weil er die Auseinandersetzung mit seiner Angestellten über deren wirkliches Lohnguthaben fürchtete und im Hinblick auf seine eigene Steuererklärung nur die Wahl hatte, entweder selber als Steuerbetrüger oder dann als Gehilfe bei einem fremden Steuerbetrug dazustehen. Er hielt letzteres für vorteilhafter.

Delikte werden begangen

Schwierig sind Täter, die ich als «wirkliche» Verbrecher bezeichnen möchte. Ein eigentlicher Verbrecher ist ein Mensch, der das Recht grundsätzlich nicht mehr anerkennt. Diese wirklichen Verbrecher sind selten. In der Regel weiss ein Angeschuldigter aber, was Recht und Unrecht ist. Er sieht auch ein, dass man sich mit Rücksicht auf die Mitmenschen grundsätzlich an das Recht zu halten hat. Er ist jedoch zu schwach, dieser Einsicht immer zu folgen. Die im Verfahren von solchen Beschuldigten gezeigte Reue ist in einem gewissen Sinne echt. Sie wollen sich wirklich bessern und glauben auch, ihnen werde so etwas nicht mehr «passieren». Dieser Ausdruck zeigt aber zugleich, woran es fehlt. Typisch hierfür war die Äusserung eines Angeschuldigten, der wegen eines Unzuchtdeliktes in Untersuchung stand und mir erklärte: «Ich rauche nicht und ich trinke nicht, und jetzt muss mir das passieren.» Ein Delikt passiert einem ja nicht, es wird vielmehr begangen.

Flucht in die Psychiatrie?

Manchmal kann man in der Zeitung lesen, dass ein
Täter einer Verurteilung entging, weil er als unzu-
rechnungsfähig bezeichnet worden sei. In solchen
Fällen wird dann etwa von einer «Flucht in die
Psychiatrie» gesprochen. So hatte ich einmal einen
Automobilisten zu verteidigen, der an einer Stras-
senkreuzung das rote Licht überfahren und einen
tödlichen Unfall verursacht hatte. Er erklärte, er
könne sich an nichts erinnern und müsse eine sogenannte «Absenz» gehabt haben. Nach dem Unfall
war von einer solchen Absenz nichts zu merken. Er
hatte auch nicht etwa eine Gehirnerschütterung er-
litten. Die erste Instanz glaubte ihm nicht und ver-
urteilte ihn.

Auf meine Berufung hin liess das Obergericht
den Angeklagten psychiatrisch untersuchen. Der
Gutachter kam zur Auffassung, dass auf Grund seiner Untersuchung eine solche Absenz durchaus
möglich sei, mit Sicherheit beweisen lasse sie sich
nicht. Das Obergericht sprach dann mit grossen
Bedenken den Angeklagten nach dem Grundsatz,
dass im Zweifel zu Gunsten des Angeklagten zu
entscheiden sei, frei. Nach der Verhandlung machte
mir ein Angehöriger des Verstorbenen schwere Vorwürfe, die ich schweigend einstecken musste.

Acht Monate später telefonierte mir der Frei-
gesprochene aus dem Spital, er habe soeben eine
Operation überstanden, er habe einen Gehirntumor
gehabt. Es stehe heute fest, dass er wegen dieses
Tumors anlässlich des Unfalls und auch nachher

verschiedentlich Absenzen gehabt habe. Das Urteil war also richtig. Ich habe dann den Angehörigen des Verunglückten geschrieben und ihnen den ärztlichen Befund mitgeteilt.

Unerwünschte Reklame

Oft geht es aber auch weniger ernst zu. Dem Anwalt ist jegliche persönliche Reklame verboten. Manchmal kann es aber zu einer unbeabsichtigten indirekten Klientenwerbung kommen. Als ich in einer Fernsehsendung über die Bedeutung des Indizienbeweises interviewt worden war, kam zu mir eine neue Klientin. Sie sagte, sie habe mit ihrem zukünftigen Ehemann diese Fernsehsendung gesehen und sie hätten darum beschlossen, mich aufzusuchen. Sie wollte einen Eheververtrag abschliessen. Ich bat sie, mir zu sagen, welches Vermögen sie ungefähr besitze, damit ich mir ein Bild davon machen könne, was geordnet werden müsse. Sie antwortete, sie könne das noch nicht sagen, sie wisse noch nicht, was sie von ihrem gegenwärtigen Ehemann in der Scheidung erhalten werde. Ich riet ihr, wiederzukommen, wenn sie geschieden sei. Das hat sie dann auch getan.

Als wir unseren Sohn viele Jahre später in New York besuchten, traf ich sie bei einem Spaziergang in den Wäldern von Vermont an, die in herbstlichen Farben leuchteten. Ich wollte sie meinem Sohn vorstellen und bat sie, ihren Namen selber zu nennen. Sie hatte bereits zum vierten Mal geheiratet und den Namen entsprechend oft gewechselt.

Segeln

Ich habe jetzt vor allem von meiner Berufsarbeit erzählt, aber es gibt noch andere Dinge als die Arbeit. Das Segeln war für mich fast so wichtig wie die Juristerei. Als meine Kinder mir bei einem Pfänderspiel eine Frage «auf Ehre und Gewissen» stellen durften, fragten sie mich, was ich lieber hätte, mein Schiff oder meine Familie. Ich antwortete selbstverständlich: «Die Familie». Die Antwort war ehrlich.

Erste Erfahrungen mit Faltbooten

Schon als Schüler hatte ich ein Faltboot, für das ich aus einer Bohnenstange und einem Leintuch meiner Mutter eine Besegelung konstruierte. Mit diesem Selbstbau segelte ich auf dem Davosersee. Der Fotograf Meerkämper hat während vielen Jahren eine Postkarte vom Davosersee verkauft, auf dem man das Boot mit dem behelfsmässigen Segel sehen konnte. Auf der Foto sah das Segel gar nicht so selbstgestrickt aus. Als ich versuchte, mit diesem Boot den vom Schmelzwasser angeschwollenen Flüelabach zu befahren, ging es in die Brüche.

Wir haben dann später wieder zwei Klepperboote gekauft, mit denen wir viele Flüsse in Mitteleuropa befahren haben. Wir waren auf der Mosel, der Rhone, der Donau und der Weser. Diese Flüsse waren damals noch nicht so verbaut, wie heute. Zwei Tage paddelten wir durch die Schlucht der

Ardèche. Auch die Schweizer Flüsse haben wir befahren, die Aare, den Rhein, die Reuss, die Thur. Als wir auf der Reuss unter der gedeckten Brücke in Bremgarten durchfahren wollten, kenterten wir. Es war anfangs April, und wir fielen mit allen Kleidern ins Wasser. Die Kleider wurden von einem hilfsbereiten Anwohner in der «Ausschwinge» notdürftig getrocknet. Dann sind wir erster Klasse mit der Bremgarten—Dietikon-Bahn heimgefahren. Wir hatten das Gefühl, wir hätten die Fahrt in der ersten Klasse verdient.

Ein Schärenkreuzer

Mit der Zeit stellte sich aber der Wunsch nach einem festen Boot ein. Ein Klient von mir, der Direktor einer grossen Firma war, hatte einen 22 m² Schärenkreuzer. Er hatte wenig Zeit zum Segeln. Als er die Rechnung der Werft für das Überwintern des Bootes bekam, stellte er fest, dass er zwar erhebliche Kosten, jedoch kaum Gelegenheit gehabt hatte, sein Boot zu benutzen. Er fand, ein Schiff sei ein Loch im Wasser, in das er zuviel Geld hineingeworfen hätte. Ich konnte das Boot billig von ihm kaufen.

Ein Schärenkreuzer ist eine ausgesprochen schöne und schnelle Yacht. Unser Boot war 12 m lang, beim Manövrieren im Hafen musste man immer an den lateinischen Spruch denken: «Quidquid agis, prudenter agas et respice finem». Das heisst auf deutsch: «Was Du auch tust, tue es vorsichtig und bedenke das Ende.» Es bestand immer die Gefahr, mit dem «Ende» (dem Heck) irgendwo anzuschlagen. Schlecht geführte Schiffe haben eben die Eigenschaft, dass sie Mühe haben, sich von Hafenmauern und anderen Booten freizuhalten. Unsere Familie war aber bald eine eingespielte Crew, der auch bei Starkwind jedes Hafenmanöver gelang.

Mit der Familie auf dem Wasser

Der Schärenkreuzer bot aber für die Familie trotz seiner Länge wenig Platz zum Wohnen. In den langen Überhängen konnte man nur einen Bootshaken oder ein Paddel, allenfalls einen Segelsack unterbringen. Wir entschlossen uns daher, ein bequemeres Boot zu kaufen. Dieses Boot war die «Calanda», ein Kimmkieler nach einem englischen Riss, in dem es viel Platz hatte. «Calanda» war der Name des ersten Handelsschiffes, das auf See unter Schweizerflagge fuhr. Ausserdem ist es der Name eines Gebirgsstocks, der zum grossen Teil auf dem Boden meiner Heimatgemeinde Haldenstein liegt. Das Schiff war sehr bequem, aber keineswegs elegant. In der Seglervereinigung Thalwil, bei der wir das Boot liegen hatten, wurde es auch die «Alphütte» genannt. Ein Segler schenkte mir sogar Geranientöpfe, damit ich sie vor das Kajütfenster stellen könne, was ich ablehnte. Als die Kinder dann grösser waren und eine eigene Jolle hatten, kauften wir wieder ein schnelleres Boot.

Segelferien

Wir sind mit unseren Kindern fast jedes Wochenende und bei jedem Wetter auf dem See gewesen und haben jeweils auf dem Boot übernachtet. Einen Teil der Ferien verbrachten wir regelmässig auf dem Obersee. Wir haben aber auch oft auf hoher See gesegelt. So sind wir von Holland nach Norwegen, von Toulon nach Barcelona, von Athen durch den Kanal von Korinth nach Korfu und in der Karibik von Martinique nach den Grenadines gesegelt. Ausserdem haben wir zahlreiche Fahrten auf französischen und englischen Kanälen mit dem Motorboot unternommen.

Die Thalwiler Segler

Während vieler Jahre war ich Vizepräsident und Präsident der Seglervereinigung Thalwil. Dieser Club führte 1962 die erste Winterregatta in der Schweiz durch. Es blies so kräftig, dass wir die Jugendklassen nicht starten lassen konnten. Mehrere Boote kenterten. Die Lufttemperatur betrug weniger als minus zehn Grad. Das Wasser war auch nicht warm. Wir hatten Mühe, alle Gekenterten raschmöglichst zu bergen.

Die Regattatätigkeit liess im Club den Wunsch nach einem Clubhaus entstehen. Wir hatten aber nur wenig Geld. Dafür verfügten wir über eine ganze Reihe von Mitgliedern mit grossen handwerklichen Fähigkeiten. Wir haben das Clubhaus in zweijähriger Fronarbeit selber gebaut. Ich durfte jeweils «Znüni poschte». Ich habe aber auch sonst geholfen. Es braucht viel Mut, einen Nagel zu halten, wenn jemand mit einem schweren Hammer darauf schlägt.

Auch in den Zentralvorstand der Union schweizerischer Yachtclubs wurde ich gewählt und ich habe während vieler Jahre die Rekurskommission des Landesverbandes präsidiert, an die Schiedsgerichtsentscheide über Protestverfahren in Regatten weitergezogen werden können. Als Schiedsrichter an internationalen Regatten konnte ich zeigen, dass man auch einen Juristen im Segelsport für etwas brauchen kann.

Das Kassationsgericht

Eine Zürcher Besonderheit

Im Jahre 1965 wählte mich der Kantonsrat zum Kassationsrichter und im Jahre 1974 zum Präsidenten des Zürcher Kassationsgerichtes. In den letzten Jahren gab ich dann die Anwaltstätigkeit auf und war praktisch vollamtlich als Kassationsgerichtspräsident tätig. Diese Arbeit hat mir sehr viel Freude gemacht.

Das Kassationsgericht ist eine Besonderheit des zürcherischen Prozessrechtes. Es beurteilt Nichtigkeitsbeschwerden gegen Entscheide des Obergerichtes, des Handelsgerichtes und des Geschworenengerichtes, d. h. der höchsten ordentlichen kantonalen Gerichte. Seine Überprüfungsbefugnis ist jedoch beschränkt. Es kann einen angefochtenen Entscheid nur aufheben, wenn ein eigentlicher Kassationsgrund vorliegt. Auf diese Kassationsgründe hier einzugehen, würde zu weit führen.

In der Regel erfolgt die Beschlussfassung des Kassationsgerichtes auf dem Zirkulationsweg. Der bei den mitwirkenden Richtern in Zirkulation gesetzte Antrag gilt als angenommen, wenn kein Gegenantrag gestellt wird. Andernfalls muss der Fall in einer Sitzung besprochen werden. Die Leitung dieser Sitzungen war für mich manchmal nicht einfach. Da ich viele Urteilsanträge selber verfasste, musste ich, wenn ein Richter anderer Meinung war, die Sitzung neutral leiten und gleichzeitig meinen Antrag verteidigen. Ich habe da manchmal an den Präsidenten des Bezirksgerichtes Heinzenberg gedacht, der eine Sitzung mit folgenden Worten eingeleitet haben soll: «Mini Härre, mir händ hüüt vier Fäll vertagt, kumplizierti Fäll, sie wäret ringer nit passiert!»

Professoren und Rechtsanwälte als Richter

Alle Richter des Kassationsgerichtes und auch dessen Präsident amtieren im Nebenamt. Sie sind im Hauptberuf Professoren oder Rechtsanwälte. Das scheint Aussenstehenden oft erstaunlich. Als ich in Berlin an einem Kongress der internationalen Richtervereinigung teilnahm, fragte mich ein deutscher Oberlandesgerichtspräsident nach meiner beruflichen Stellung. Ich sagte, ich sei Rechtsanwalt. Er wollte wissen, wieso ich an dem Kongress teilnehme, und ich sagte ihm, dass ich zugleich Präsident des Kassationsgerichtes sei. Er fand, es müsse für meine Anwaltskollegen schwierig sein, mir einmal als Gerichtspräsident und ein andermal als Prozessgegner gegenüber zu treten. Ich habe ihm geantwortet, dass wir die Richter nicht so überschätzen.

Tatsächlich ist unser Kassationsgericht ein Ausdruck der direkten Demokratie. Wir haben in der Schweiz den Gegensatz zwischen Bürger und Staat nicht in dem Ausmass wie in anderen Ländern, weil bei uns der Bürger selber an der Verwaltung, Gesetzgebung und Rechtsprechung mitwirkt.

Die Anzahl der zu beurteilenden Beschwerden ist während meiner Tätigkeit beim Kassationsgericht von rund 180 auf 450 Verfahren im Jahr gestiegen. Die Zahl der gutgeheissenen Beschwerden ist jedoch gering. Aber auch diese wenigen Gutheissungen werden vom Obergericht ausgesprochen ungern gesehen.

Das Obergericht würde das Kassationsgericht gerne abschaffen. Entsprechende Versuche im Kantonsrat haben jedoch keinen Erfolg gehabt. Mit Recht. Das Kassationsgericht übt eben auch eine präventive Wirkung aus. Ich habe es als Anwalt, bevor ich dem Kassationsgericht angehörte, erlebt, dass in der öffentlichen Beratung ein Oberrichter erklärte: «In Anbetracht der strengen Praxis unseres Kassationsgerichtes wollen wir den angerufenen Zeugen doch noch anhören.» Damit erfüllt das Kassationsgericht seinen Zweck.

Dazu kommt, dass es ohne das Kassationsgericht gegenüber den als einzigen kantonalen Instanzen entscheidenden Handelsgericht und Geschworenengericht kein kantonales Rechtsmittel mehr gäbe. Das würde zu einer weiteren Belastung des Bundesgerichtes führen, das heute bereits überlastet ist.

Die andere Blickrichtung

Es ist verständlich, dass der Sachrichter manchmal eine andere Blickrichtung als der Kassationsrichter hat. Der Sachrichter sucht zuerst den Rechtsfrieden. Wenn er glaubt, der Fall sei im wesentlichen geklärt, drängt es ihn, den Prozess abzuschliessen. Der Kassationsrichter fragt sich dagegen vor allem auch, ob der Entscheid im ordnungsgemässen Verfahren erfolgt ist. Es geht bei der Wahrung der Prozessformen nicht um blossen Formalismus. Auch das formelle Recht dient dem Schutz der Freiheitsrechte des Bürgers.

Freundliche und unfreundliche Vorwürfe

Ich habe am Kassationsgericht viele Freundlichkeiten erfahren. Natürlich gab es auch Kritik. Zwei eher erheiternde Vorwürfe, die ich erhielt, seien hier erwähnt:

Ein befreundeter Oberrichter, der mit einem Entscheid des Kassationsgerichtes nicht einverstanden war, hat mir zum Vorwurf gemacht, ich sei nur nebenamtlicher Richter, dagegen sei er Berufsrichter. Ich meinte dazu, dass eine Sache nicht unbedingt besser werde, wenn man sie gewerbsmässig betreibe. Das gelte sogar in der Liebe. Dazu hat er nichts mehr gesagt. Der Vorwurf war wohl auch nicht so ernst gemeint gewesen.

Massiver sind die Vorwürfe, die man manchmal von der unterliegenden Prozesspartei erhält. So telefonierte mir jemand um zwei Uhr nachts, um mir zu sagen, ich sei der grösste Esel, der in Zürich herumlaufe. Ich wollte ihn eigentlich fragen, warum er so etwas sage. Ich war aber so verschlafen, dass ich ihn fragte: «Woher wissen Sie das?» Er hat nie mehr telefoniert.

Die Fragwürdigkeit des richterlichen Urteils

Ein Gesellschaftskritiker (Walter Rode, Justiz, Berlin 1929) erklärte, ihn empöre das Gericht, und zwar nicht das dumme oder schlechte Gericht, sondern das Gericht als solches. Er drückt damit das Missbehagen aus, das entstehen muss, wenn Menschen über Menschen urteilen. Trotzdem geht es nicht ohne Justiz. Wir brauchen ein Mittel, um die rechtliche Ordnung durchzusetzen und den Einzelnen vor Übergriffen anderer zu schützen.

Aber wir sollten uns auch der Fragwürdigkeit der Justiz bewusst sein, wenn wir sie nicht überfordern wollen. Ein Bezirksgericht ist nicht das Jüngste Gericht. Es ist nicht einmal die erste Instanz dazu, sondern es hält, wie jedes andere Gericht, unsere äussere Ordnung aufrecht. Das funktioniert gar nicht schlecht. Die Verwirklichung absoluter Gerechtigkeit kann man von unserer Justiz nicht fordern. Das tönt überspitzt, vielleicht sogar ungerecht. Aber nur wenn wir uns der Grenzen der menschlichen Justiz bewusst werden, überfordern wir sie nicht und sind von ihr nicht enttäuscht.

Gerechtigkeit als Ziel

Absolute Gerechtigkeit lässt sich also durch die Justiz nicht verwirklichen. Wir können nur danach streben, der Gerechtigkeit möglichst nahe zu kommen. Es ist jedoch schwer, festzustellen, was Gerechtigkeit ist.

In meiner Studienzeit gingen die Juristen vom positiven, d. h. vom gesetzten Recht aus. Die sogenannte Naturrechtslehre, die das Recht als naturgegeben ansah, galt als überholt. Tatsächlich war das nur ein Streit um Worte, denn auch damals bezeichnete man eine gegebene gesetzliche Regelung als gerecht oder ungerecht. Man sprach z. B. von einem ungerechten oder gerechten Steuergesetz und anerkannte damit, dass das gesetzte Recht sich an einem höheren Prinzip, dem Prinzip der Gerechtigkeit ausrichten müsse.

Heute sind wir von der geschilderten positivistischen Anschauung zumeist wieder abgekommen. Die Zeiten des Nationalsozialismus und das sogenannte «Recht» in den totalitären Staaten haben gezeigt, dass das positive Recht gewisse unverletzliche Grundrechte verletzen kann. Wir anerkennen heute unter bestimmten Voraussetzungen sogar ein Widerstandsrecht gegenüber dem gesetzten Recht. Es besteht nach richtiger Auffassung die Pflicht, sich einem Gesetz zu widersetzen, das die grundlegenden Menschenrechte verletzt. Das wurde in den Nürnberger Urteilen über die führenden Nationalsozialisten festgestellt.

Man kann die in Nürnberg gefällten Urteile nicht einfach als Siegerrecht abtun. Richtig ist, dass die Besiegten die in Nürnberg angewandten Grundsätze gegenüber den Siegern nicht durchsetzen können. Das spricht nicht gegen die Richtigkeit dieser Grundsätze. Tatsächlich sind sie auch nicht nur von den Siegermächten, sondern auch von den Gerichten der Bundesrepublik Deutschland angewendet worden (vgl. Zitate bei Fritz Bauer, Widerstand gegen die Staatsgewalt, Fischer-Bücherei Nr. 669, S. 256 f). In diesen Urteilen wird gleichzeitig die Frage aufgeworfen, ob in einem demokratischen Rechtsstaat, wo die Mittel gegen die Abwehr von Verfassungsverletzungen und ein wirksamer Rechtsschutz gegeben sind, ein Bedürfnis für ein Widerstandsrecht anerkannt werden kann. Ein solches Widerstandsrecht kann nur unter ganz besonderen Umständen in Frage kommen. Namentlich muss darauf hingewiesen werden, dass man sich nicht auf das Widerstandsrecht berufen kann, um die geltende Ordnung mit Gewalt durch eine andere, nach der eigenen Ansicht bessere Ordnung zu ersetzen. Hierzu dürfte das Widerstandsrecht nur dienen, wenn die bestehende Ordnung ein offenbares und fundamentales Unrechtsregime wäre. Wer eine verfassungsmässige Änderung anstrebt, hat das grundsätzlich auf dem verfassungsmässigen Weg zu tun.

Der Fall des Polizeihauptmanns Grüninger

Dass der Richter auch in der Schweiz in Schwierigkeiten kommen kann, zeigt der Fall des St. Gallischen Polizeihauptmanns Grüninger. Während des letzten Weltkrieges hatte der Bundesrat die schweizerischen Grenzen für Emigranten ohne Visa gesperrt. Die Emigranten aus Deutschland mussten von der Polizei an der Grenze zurückgeschickt werden. Hauptmann Grüninger erkannte, dass er diese Menschen wahrscheinlich direkt in den Tod schickte, wenn er sie abwies. Er hielt sich deshalb an die ihm von der eidgenössischen Fremdenpolizei erteilten Weisungen nicht. Er fälschte Einreisepapiere und wurde vor Gericht gestellt. Das Gericht bestrafte ihn wegen Amtspflichtverletzung und Urkundenfälschung. Man ging damals offenbar davon aus, dass nicht ein einzelner Polizeihauptmann, sondern der Bundesrat zu bestimmen habe, inwieweit die Aufnahme von Flüchtlingen tragbar sei oder nicht. Inzwischen wurde Hauptmann Grüninger vom Regierungsrat des Kantons St. Gallen rehabilitiert. Das Urteil wurde aber nicht aufgehoben. Ich will über diesen Fall nicht urteilen. Er zeigt aber, dass auch in unserem Land eine Spannung zwischen dem wirklichen Recht, d. h. zwischen der Gerechtigkeit und dem gesetzten Recht bestehen kann. Nach allem, was wir heute über die damaligen Verhältnisse wissen, lag der Rechtfertigungsgrund der Notstandshilfe vor.

Der Gleichheitsartikel der Bundesverfassung

Durch Art. 4 der schweizerischen Bundesverfassung soll Gerechtigkeit für alle garantiert werden. Danach sind alle Schweizer vor dem Gesetz gleich. Es gibt in der Schweiz keine Untertanenverhältnisse, keine Vorrechte des Ortes, der Geburt, der Familie. Aber schon die Auslegung dieses Satzes führt zu

Schwierigkeiten. Es wäre z. B. nicht gerecht, wenn ein Steuergesetz von jedem Schweizer gleich hohe Steuern fordern würde. Im Gegenteil, der Reiche soll mehr bezahlen als der Arme. Es soll also nicht Ungleiches gleich behandelt werden, sondern es sind die bestehenden Ungleichheiten, wie z. B. das Alter, das Geschlecht, die Urteilsfähigkeit bei der Ausgestaltung der Rechtsordnung zu berücksichtigen.

Es ist jedoch niemandem gelungen, den Inhalt der Gerechtigkeit abschliessend zu beschreiben. Aristoteles definierte die Gerechtigkeit als das Prinzip, nach dem jeder das ihm Gehörige erhalten solle. Das wird von den Römern mit dem Satz «Suum cuique» zusammengefasst. Was jedoch das jedem Gehörige ist, sagt Aristoteles nicht. In der Folge haben sich die Philosophen mit diesem Problem immer wieder befasst. Gelöst hat es keiner. Die Frage, was Gerechtigkeit ist, ist ein metajuristisches, d. h. ein weltanschauliches Problem. Immerhin kann man von gewissen krassen Verletzungen des Gerechtigkeitsgedankens oft eindeutig sagen, dass sie dem Prinzip der Gerechtigkeit widersprechen. Dabei ist der Inhalt des Gerechtigkeitsgedankens nicht etwas für immer Feststehendes, sondern wandelbar. Was unter bestimmten Verhältnissen als gerecht und praktisch angesehen werden kann, ist unter anderen Verhältnissen ungerecht. So war es vor hundertfünfzig Jahren noch möglich, dass in der damals völlig ländlichen Gemeinde Arosa die Kirchensteuer unter den Kirchgenossen nach Viehhäuptern, d. h. auf Grund des Besitzes an Grossvieh «verschnitzt», also verteilt wurde. Auf diese Weise wurde die Steuer tatsächlich nach der Leistungsfähigkeit erhoben. Als sich dann aber die Verhältnisse änderten und in Arosa nicht nur Bauern wohnten, wurde diese Lösung ungerecht. Die Verteilung der Steuerlast auf Grund des Grossviehbesitzes würde heute gegen die Verfassung verstossen.

Die Notwendigkeit der Praktikabilität des Rechts

Es muss weiter berücksichtigt werden, dass jede gesetzliche Regelung praktikabel sein muss. Das Recht soll klare einfache Grundsätze schaffen, die in der Praxis ohne Schwierigkeiten anwendbar sind. Dahinter muss eventuell der Gerechtigkeitsgedanke in einem gewissen Mass zurücktreten. Ein klassisches Beispiel dafür ist das Drucksachenporto. Nach dem Postverkehrsgesetz ist für Drucksachen ein niedrigeres Porto als für Briefe zu bezahlen. Wenn nun jemand einen Brief in einem einzigen Exemplar drucken lässt und verschickt, kann er diesen Brief mit dem niedrigeren Drucksachenporto frankieren, während derjenige, der die Mittel nicht besitzt, um seine Reklamesendungen drucken zu lassen, und diese persönlich schreibt, für die betreffenden Briefe das Briefporto zahlen muss. Das erscheint ungerecht. Die Lösung ist aber richtig. Es muss ein klares Unterscheidungsmerkmal gefunden werden, wann das höhere und wann das niedrigere Porto zu zahlen ist. Unsere Rechtsordnung muss also gewisse Konzessionen an die praktische Durchführbarkeit des

Gesetzes machen. Wesentlich ist, dass sie generell das Prinzip der Gerechtigkeit zu verwirklichen sucht.

Ungenügende Sanktionen

Die Rechtsprechung wird auch dadurch erschwert, dass die ihr zur Verfügung stehenden Sanktionen teilweise unvollkommen sein müssen. Nicht jeder Schaden lässt sich mit Geld wiedergutmachen. Selbst dort, wo eine Wiedergutmachung durch Zusprechung von Schadenersatz möglich ist, scheitert die Vollstreckung des Urteils eventuell an der Zahlungsunfähigkeit des Schuldners. Mit einer Bestrafung des Schädigers ist die gestörte Rechtsordnung nicht wiederhergestellt.

Die Ermittlung des Sachverhaltes

Das grösste Problem liegt in der Schwierigkeit, mit menschlichen Erkenntnismitteln den wirklichen Sachverhalt festzustellen. Es gibt in einem Prozess zumeist fünf Darstellungen, von denen behauptet wird, sie seien die Wahrheit. Da haben wir zuerst einmal das, wovon der Kläger und der Beklagte wirklich glauben, es sei die Wahrheit. Das sagen sie dem Richter nicht immer. Schon hier handelt es sich nicht um die volle Wahrheit, sondern um die subjektive Auffassung einer Partei. Dann haben wir die Darstellung, die die Parteien dem Richter vortragen und als Wahrheit ausgeben. Auch das ist nicht die objektive Wahrheit. Und dann haben wir die sogenannte prozessuale Wahrheit, nämlich das, was der Richter auf Grund des Beweisverfahrens als bewiesen betrachten muss. Auch diese prozessuale Wahrheit entspricht nicht der wirklichen Wahrheit, sondern beruht auf den Regeln über die Verteilung der Beweislast. Trifft eine Partei die Beweislast und kann sie eine bestimmte Tatsache, aus der sie Rechte ableitet, nicht beweisen, hat sie den sich daraus ergebenden Nachteil zu tragen. Wenn jemand einem Bekannten unter vier Augen einen Geldbetrag leiht und darauf verzichtet, sich dafür eine Quittung geben zu lassen, wird er einen allfälligen Prozess gegen den Darlehensnehmer verlieren, wenn dieser die Hingabe des Darlehens bestreitet. Es wäre an ihm gewesen, sich rechtzeitig eine Darlehensquittung zu verschaffen. Der Richter, der die Forderung des Klägers abweist, weil die Hingabe des Darlehens nicht bewiesen werden konnte, fällt kein falsches Urteil. Er konnte nicht anders urteilen, wenn auch dieses Urteil in einem höheren Sinn unrichtig ist. Wir dürfen also die Rechtsprechung nicht überschätzen. Der Richter, der sich der Relativität seines Urteils bewusst sein sollte, sollte deshalb in der Begründung desselben zurückhaltend sein. Es gibt bekanntlich mehr richtige Urteilsdispositive als richtige Begründungen. Es steht dem Richter nicht zu, in seinen Ausführungen weiterzugehen, als zur Begründung des Urteilsspruches notwendig ist.

Die Wahl der Richter

Bei uns werden die unteren Richter vom Volk, die oberen vom Parlament gewählt. Das bedingt, dass jemand, der Richter werden will, in der Regel Mitglied einer politischen Partei sein muss. Zwischen den Parteien wird zumeist ein freiwilliger Proporz eingehalten, so dass nicht etwa der beste Jurist zum Richter gewählt wird. Wenn diese oder jene Partei einen proporzmässigen Anspruch hat, wird sie in der Regel zum Zuge kommen. Es ist schon schön, wenn wenigstens der beste Mann aus der betreffenden Partei gewählt wird. Diese Regelung befriedigt nicht ganz. Andererseits wäre es nicht wünschbar, wenn unsere Gerichte allzu einseitig zusammengesetzt wären, wenn also in einem reformierten Kanton nur reformierte Richter und in einem katholischen Kanton nur katholische Richter amtieren würden oder wenn nur bürgerliche und keine sozialdemokratischen Richter im Gericht sässen. Tatsächlich merkt man den Richtern in der Beratung ihre politische Herkunft nicht an. Ein Richter fühlt sich in erster Linie an das Recht gebunden. Andererseits würde ein von einem politisch einseitig zusammengesetzten Gericht gefälltes Urteil uns nicht unabhängig erscheinen. Sicher liessen sich Vorschläge für einen anderen Wahlmodus machen. So bestände z. B . die Möglichkeit, die Richter zwar durch das Parlament aber auf Vorschlag des Obergerichtes und der Anwaltschaft zu wählen. Dadurch würde die juristische Qualität der Richter sicher gehoben. Politisch kommt eine solche Regelung heute wohl kaum in Frage. Die geltende Regelung mag nicht vollkommen erscheinen, sie hat sich trotzdem in der Regel bewährt.

Wir müssen uns bewusst sein, dass es niemand allen Leuten mit seinem Urteil recht machen kann. Ein Richter muss die Festigkeit haben, zu seinem Urteil zu stehen, auch wenn es nicht von jedermann verstanden wird. Wie schwer es ist, einem Urteil gerecht zu werden, zeigt der folgende Spruch von Marie von Ebner-Eschenbach:

«Das Urteil auch des weisesten Elefanten gilt einem Eselchen lange nicht so viel, wie das Urteil eines anderen Eselchens.»